ルサンチマン浅川式 ロケット速読トレーニング

ルサンチマン浅川

三笠書房

はじめに——速読は必ずできる

「買ったのにずっと読めていない本がある」
「図書館で本を借りたけど、読めずに期限が来てしまった」

読書で、このような暗い気持ちになったことはないでしょうか。本は読みたい、読まなきゃいけないのに、なぜかいつも時間がない。

「もっと速く本が読めたら」

きっとこう思ったこともあるでしょう。中には、過去に速読教室に通ったけれど挫折した人や、速読の本を買ってはみたもののトレーニングを続けられなかった人もいるでしょう。

でも、安心してください。そんなみなさんの願いを今度こそかなえるのが本書になります。

速読というと、

「本を凄まじいスピードでめくって読む超能力的な技術」

「飛ばし読みや斜め読みを利用した読書テクニックの一種」

「自己啓発セミナーなどで入会の撒き餌に使われている方法」

など、ある種の胡散臭さを感じ取る人もいるかもしれません。確かに、そのような速読法も存在します。

しかし本来の速読は、怪しげなセミナーやテクニックとは無関係です。そして、速読は適切なトレーニングを毎日やれば、誰でもできる技術なのです。それは私が保証します。

「お前は一体誰なんだ?」と思った方も多いと思いますので、自己紹介をさせてください。

私は「日本唯一の速読芸人」として活動する傍ら、速読研究家として、日々「いかにして本を速く読むか？」を研究しているルサンチマン浅川という者です。

高校1年の時に速読に出合い、それから独自に速読を研究し始め、現在速読歴28年、日本で出版された速読本をほぼ全て所有し、その数は３００冊を超えます。また、速読本以外の本からも速読に言及した箇所をチェックし、常に速読に対してアンテナを張り続けている日本有数の「速読オタク」です。

熱心な速読研究が高じて、受講者数20万人を超える学び動画サイト「GLOBIS学び放題」でも速読講座を担当。その講座は視聴者数、コメント数ともに大反響を呼びました。

また、3年前、初の著書『誰でも速読ができるようになる本』（平成出版）を出版し、今までの速読本にはなかった視点から速読を語ることで話題になりました。

ただ、この本には私の速読に対する想いや、速読業界の話などにかなりの部分を割いて記したのですが、読者の方から「肝心の速読トレーニングについての方法が具体的に書かれていない」という意見や、「著者の速読に対する想いや速読芸人としての活動状況は伝わったが、速読のやり方がざっくりとしか書かれていない」という意見もありました。また、「他の速読法の批評的な部分が多く、オリジナルな方法が少ない」という手厳しい意見もありました。

これらの意見を受けて、私はこう考えるようになりました。

もし次に速読本を出す機会があるとしたら、「私自身のこと」や「速読業界のこと」にはなるべく触れず、あくまで「速読の方法」と「トレーニング法」に特化した本を書きたい。さらには、３００冊以上の速読本を読んだ経験をもとに、「他流派のつまみ食いやイイトコドリ」だけではなく、必ず私のオリジナルな部分を前面に出していきたい、と。

前著の刊行後、その観点から速読を研究し続けた結果、ついにオリジナルな方法論を編み出し、それを体系化することに成功しました。それが「視読」と「高速音読」を組み合わせたロケット速読です。

こうして、本書を出版することになったのです。

本書をきちんと読んで書いてあるようにトレーニングすれば、必ず速読ができるようになります。私が速読できるのはもちろんのこと、この方法論を試して速読ができるようになった人が現れています。

みなさんも本書を手にした以上は、絶対に速読ができるようになってほしいと心から願っています。

それでは、トレーニングを始めましょう。

ルサンチマン浅川

目次

第1章 なぜ、あなたは速読ができないのか

第2章 スキマ時間でもできる基本トレーニング

第3章

高速音読で脳の処理能力を爆上げする

第4章 読む前に必要な「速読マインドセット」

よくある速読Q＆A

第5章 「構造分析」が本の内容理解を速くする

アウトプットを前提に速読する

本文イラスト／クロカワユカリ
本文ＤＴＰ／株式会社フォレスト

今日まで、実に多くの速読法が誕生してきました。それなのに、なぜ速読を習得できない人がたくさんいるのでしょう。本章では速読の歴史を振り返りながら、速読の習得を妨げる「３つの誤解」を紹介します。

なぜ、あなたは速読ができないのか

速読は現代人に必須のスキル

現代社会は情報が溢れています。スマホを開けば、大量のネットニュースが日に飛び込み、本や雑誌は毎日たくさん出版されています。入学試験や資格試験はどんどん問題の分量が増え、普通に読んでいたのでは時間が足りないと言われるようになり、会社の資料も文字・もじ・モジで、素早い情報処理能力が社会人として必須の能力となっています。空いた時間に趣味で読書をしようにも、時間がなくてなかなかページが進まない。ビジネススキルを上げたくても、それ以前にビジネス書を読む時間すらない。

そういう時代ですから「もっと速く読めるようになりたい」という悩みは、潜在的であれ顕在的であれ、現代に生きる人々にとってほぼ共通のものではないでしょうか?

そこで、みなさんに手にしてほしい現代社会の最強スキルがあります。

それが、「速読」です！

速読法に正解はない

では速読と聞いて、みなさんはどんなイメージを思い浮かべますか。

・ペラペラめくっただけで頭に入る
・飛ばし読みや斜め読みのこと
・目がなめらかに動いていく

これらは、どれも正解であり不正解です。**実は「速読とはこういうものだ！」というものはありません。**速読は意外と人によって違っているものなのです。その背景には、速読に対する「固定概念」や「偏見」、「思い込み」があるからかもしれません。

私は「速読芸人」としてテレビに出演することもたまにあるのですが、そこで速読を披露すると、必ずと言っていいほど「この読み方は速読じゃない！」という意見がＳＮＳなどで散見されました。それぞれの人が独自の速読に対するイメージを抱いているのが現状ではないでしょうか。

ではなぜ、速読に対する考え方が、こんなにも人によってさまざまなのでしょう。それは、速読にはさまざまな流派があり、それぞれがそれ相応の正当性をもって自身の提唱する速読法の正しさを主張しているからです。つまり、どれもが「正解」なのです。あまりにも荒唐無稽な一部の手法を除き、どんな速読法であれ、科学的な理論に基づいた根拠、実践データによる根拠、速読の歴史からの根拠があり、それぞれに正しさがあります。

ですから、あなたが考える「速読」は、あなたが今までにテレビやインターネットなどでたまたま見た一つのやり方にすぎない可能性もあるのです。

私が速読にハマった理由はまさにそれで、いろいろな速読法を調べていくにつれ、各流派の違いや歴史的流れがあることがわかり、「あの流派に影響されてこの流派が出てきた」とか「どの流派とどの流派が対立している」とか、それを調べることが面白くなってきたからなのです。

完全オリジナルの速読法は、今やほとんどない

みなさんも速読法に挑戦したことがあるかもしれません。その方法は流派によってさまざまですが、今や完全オリジナルの方法は、ほとんどありません。**多くが他の速読法をアレンジしながら広まっている**ものなのです。実際、目のトレーニングや、文字を並べ換えるパズルのようなトレーニングなどは、あらゆる速読法で見られる代表的なトレーニングです。

その源流を探るために歴史をひもといてみると、実は3回の「速読ブーム」が、日本の速読界に大きな影響を与えていることが見えてきます。

1回目は、1980年代の初めです。韓国で流行していた「キム式速読法」を、加古徳次氏が日本に持ち込んだのがきっかけです。「加古式スーパー速読法」はマスコミにも大々的に取り上げられました。その方法は、正座をして、丹田呼吸法や一点集中トレーニング、視点移動トレーニングなどをします。丹田とはお腹の下あたりにあるツボのことです。精神統一を重視するあたりは、現在の「右脳速読」に一部引き継がれていると言えます。

ついでに言っておくと、実は韓国にはキム式と同じやり方の速読法が存在していました。それが「パク式速読法」です。パク式は「キム式はパクリだ」などと批判し、対抗していました。真偽のほどはわかりませんが、「本家」と「元祖」の争いではないかと思います。なお、パク式は佐々木豊文氏が日本に持ち込みました。佐々木氏は日本速読教育連盟の創業者で、速読関連の著作もある日本の速読業界では名の知れた人物です。

しかし、韓国発の速読法は、「速読は厳しいトレーニングを経て苦労して身につけるもの」というイメージを植えつけてしまった側面が否めませんでした。私もネットオークションで教材を買いましたが、テキスト1冊が丸々トレーニングブックとなっており、これをやり抜くのは相当意志が強くないと難しいと思いました。

より手軽な速読術が登場して大流行

そこで登場したのが、新日本速読研究会による「ジョイント式速読法」です。ジョイント式の特徴は、そのわかりやすさ、手軽さです。「ページ早めくりトレーニング」など、簡単でわかりやすいトレーニング法を紹介し、誰もが取り組めるようにしました。みなさんがチャレンジした速読法も、このジョイント式の影響を受け、同様のトレーニングを取り入れているものもあったのではないかと思います。

その結果、１９８０年代後半に2回目の速読ブームが起こりました。書店には速読本が大量に並び、町には速読教室もできました。

さらに、この時期のもう一つ大きな動きが「ＳＲＳ速読法」の誕生です。ＳＲＳは「スーパーリーディングシステム」のことで、医師の栗田昌裕氏が開発しました。他流派の影響を受けず、独自の用語・ノウハウで速読業界に名乗りを上げました。

その後、速読ブームは下火になっていきますが、七田眞氏による「右脳速読」や「波動速読」が登場します。七田氏は子供の能力開発を目指した「七田チャイルドアカデミー」の創設者で、能力開発に関する著書が多数あります。これらは、韓国式が取り入れていた丹田呼吸や一点凝視トレーニング、精神統一を取り入れた速読法で、トレーニングを続けることで右脳の能力が開花し、1冊が一瞬でわかるというものです。ある意味、ジョイント式へのアンチテーゼとして登場した速読法と言えます。

速読でも他の歴史的な現象と同じように、何かが流行れば反対勢力が起こり、また時間が経つと揺り戻しが起こるのは面白いところです。

現代の速読界は群雄割拠

3回目の速読ブームは、2001年です。アメリカからフォトリーディングがやってきます。これはポール・R・シーリィという加速学習とNLP（神経言語プ

著者が所有する速読に関する本の一部。中には絶版となったレアな本もある

ログラミング）の研究者が開発した方法です。彼の書籍を、神田昌典氏が日本人向けに監訳・アレンジしたのです。まさに「速読界の黒船」と言っても過言ではありません。

フォトリーディングの特徴を簡単に説明すると、他の速読法が読む速度を上げることに注力しているのに対し、読書の作業をシステム化していることが挙げられます。例えば、「本を読む目的を明確化する」、「本をざっと見て予習する」などです。これにより、結果的に早く読めることを謳っています。他の速読法が取り入れているような目のトレーニングやパズルの問題はありません。

著名なマーケッターである神田氏が紹介したことで、多くのビジネスパーソンがフォトリーディングの書籍を手にし、講座を受けました。もしかしたら、みなさんの中にも挑戦したことがある方がいるのではないかと思います。

その後は、**速読ブームは起こっておらず、まさに群雄割拠の時代を迎えています。**そして、どの方法にも従来の速読術の影響が見られます。例えば、平井ナナエ氏の「楽読」は韓国式の流れを汲んでいますし、山中恵美子氏の「瞬読」はジョイント式の影響を強く受けていると思われます。

おそらく、みなさんが挑戦してきた速読法も、どれかの流派に類似しているのではないでしょうか。

速読への誤解が挫折につながる

それにしても、こんなにもたくさんの速読法が紹介されているのに、なぜ速読法が身につかない人が多いのでしょうか。それは、次のような速読への誤解が一因かと思います。

誤解1　速読には右脳の開発が必要

先ほど述べた通り、「右脳速読」や「波動速読」では、右脳を開くことで本が一瞬にして読めるとされています。表紙に触れるだけでイメージが湧くなどとも言われるぐらいです。

しかし、一部の天才を除き、多くの方々は、このような段階に行く前に挫折するのではないでしょうか。仮にできたとしても、途方もなく時間がかかるでしょう。

個人的には、そもそも本当に実現可能なのか疑問です。**速読は右脳開発などしなくても、技術を身につければできるものです。**

誤解2 トレーニングは1日1分でよい

後の章でも触れますが、**速読は筋トレと同じで、練習しなければ身につきません。**当然、練習量も大事になってきます。世の中には手軽さ、簡単さをウリにしている速読もあります。誰もが取り組みやすいトレーニングであることは大事ですが、量が少なすぎると上達が遅くなるか、結局、身につかない恐れもあります。しっかりとトレーニングの時間を取り、仕事や家事の合間にも練習したほうが効果を実感しやすいのではないかと思います。

誤解3　速読した本の内容は覚えていて当然

速読をしていると、「○ページに何が書いてあった？」と、〝クイズ〟を出されることがあります。そして、正解できないと、速読は眉唾ものだと決めつけられます。

しかし、通常の読書で、読んだだけで内容を完璧に覚えられるのでしょうか。速読も同じです。**速読法は暗記法ではありません。**内容をすべて覚えていないからといって、落ち込む必要はありません。覚えようと思ったら、何度も速読すればいいだけの話です。

私は、「速読はトレーニング次第で誰でもできるもの」という信念を持っています。ですから、今挙げた3つの誤解に振り回されず、この本に書かれているトレーニング法を、騙されたと思って3か月続けてほしいのです。

人間は、これまでの習慣を変えるには約100時間の脳への刷り込みが必要だと言われています。ですから、3か月はこの本を常に傍らに置き、何度も読み込んで理解を深めてほしいと思っています。

頭の中で文字を音にすると、読むのが遅くなる

さて、速読トレーニングに入る前に、「読む」という行為について考えたいと思います。というのも、トレーニングによって、読む行為のどこを速くするかをみなさんと共有しておきたいからです。

「読む」ことは、「文字や文章、図などを見て、その意味・内容を理解する」というのが一般的な理解だと思います（『デジタル大辞泉』）。

しかし、もう少し細かく見ていくと、読むことは33ページの図のような6つのステップがあると言われています。

このうち二つ目の「認知」の段階で、私たちの読書スピードは減速を余儀なくされています。というのも、私たちが慣れ親しんでいる「ふつう」の読み方とは、まず「音読」であり、「黙読」であると思います。音読では文字を実際の音声として

速読の習得を妨げる3つの誤解

速読には右脳の開発が必要

トレーニングは1日1分でよい

速読した本の内容は覚えていて当然

発声し、**黙読の場合も外部に発声はしていませんが、頭の中で音声化しています。**

すなわち、目で捉えた文字をそのまますぐに認知しないで、聴覚的に音で確認します。音読にせよ黙読にせよ、どちらの場合も、聴覚的な知覚反応を伴わなければ、認知は行われないのです。

しかし、言葉は一度に一音ずつしか発声できないし、その一音も一定の時間の長さを必要とします。したがって、音で認知するのは、見て認知するのに比べて、はるかに時間がかかるのです。しかも、一度見ても、音声化しないとよくわからないため、また繰り返し同じ場所を見る、という無駄が生じてしまうこともあります。

となれば、**速読をするためには音声化を排除すればいい**ということになります。そのために必要なことは、速くページをめくって、一度に大量の情報を目にすることです。これにより、音声化に要する時間の余裕がなくなるのです。

そうすれば、音声化の時間が省略できるばかりでなく、脳内の音声で確認する作業からも完全に解放されます。一音ずつ順次に読むという、音声化のゆえに遅くなっていた「文字を見る」という行為もより速くできます。言い換えれば、自由になった脳の視覚的言語機能がさらに目覚めて発展し、それに伴って脳の処理能力が速くなるということです。

このように、速読は、認知過程に伴う音声化の停止だけにとどまるものではありません。脳の素晴らしい働きが最も自然な形で実現されることこそ、速読のメカニズムの効能なのです。

文字を見て理解するまでの6つのステップ

1	受容	目に入った情報を記号・形として視覚的なイメージとして脳内に受け取る
2	認知	情報をこれまで得た知識、経験を瞬時に照らし合わせ認識する
3	解析	語彙や文法、文脈などの関係性を見極める
4	整理	情報の中で何が重要で何が重要でないか、価値決めをする
5	統合	前からある知識が新しく得た知識と比較され、更新されたり、関連づけられたりする
6	表現	情報をアウトプットできるように加工させる

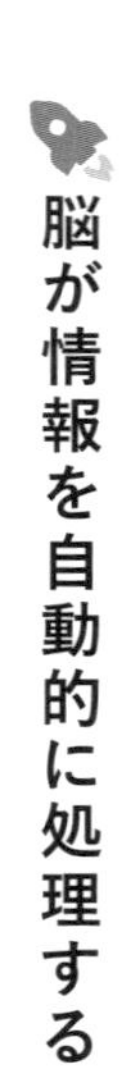

脳が情報を自動的に処理する

そして音声化がなくなると、「ふつう」の読書とは異なったプロセスで文章を理解するようになります。

「ふつう」の読書では、視覚、理解、記憶という順序で読み進められていきます。この本を読むにあたっても、文字を認識して内容を理解し、必要なら内容を覚えるのではないでしょうか。

ところが、**速読では、文字を視覚的に捉えたら、それをただちにイメージとして認知・解析し、記憶してしまいます。**つまり、視覚、記憶、理解という順序で読み進められていくのです。大量かつ高速なインプットなので、意識的に理解している暇はないのです。

記憶をしやすくするには、意味を理解していたほうがいいのは言うまでもありません。ただし、速読の場合は、通常の読書のように、内容がどうもしっくりしないからといって文脈の前後を照らし合わせるといった作業をするわけではなく、瞬間的に判断するのです。記憶されてしまえば、理解は意識的に確認しないでも、頭脳が自動的に処理してくれます。

「視読」をマスターせよ

本書では、**このような脳内音声を排した読み方を「視読」という言葉で呼ぶことにします。**視てただちに理解する、さらに言うなら、視てただちに記憶、理解する、これが視読であり、視読での読み方のまま、スピードを上げていくことを「速読」と言います。

先ほど「見ること」で脳の処理のスピードが上がるとお伝えしましたが、視読の読書は、脳の潜在能力をフルに発揮させる、と理解していただきたいと思います。

速読を成立させるためには、視覚、記憶、理解という読書の基礎的能力をレベルアップさせることがどうしても必要ですが、これらはまた互いに関連していて、視覚が向上すれば、脳に入る情報のイメージがより鮮明になり、その記憶もまた鮮明に印象深く刻まれ、理解もこれに伴って深くなっていきます。

まずは徹底して「視読」ができるようになるまでトレーニングをしましょう。大丈夫です。継続したトレーニング次第で、必ずみなさんも視読が可能になります。

では、次章で実際に視読ができるようになるためのトレーニング法を紹介します。

「第四次速読ブーム」は来るか？

本文で触れたように、速読には大きく3回ブームがありました。改めておさらいすると、1回目は1970年代後半から1980年代初めにかけて、韓国からやってきた「キム式速読法」を中心とした「第一次速読ブーム」。そして2回目は1980年代後半から1990年代半ばまでの、「ジョイント式速読法」を中心とした「第二次速読ブーム」、そして2000年代前半の「フォトリーディング」を中心とした「第三次速読ブーム」です。

現在もこれらの流派の流れを汲んだ速読法が中心となっており、「瞬読」や「楽読」もこの延長線上にあります。

また、速読ブームの合間にも、超能力に近い「七田式」や医学博士の栗田氏が築き上げた「SRS速読法」などが登場し、これらが登場した経緯などを調べていくと本当に面白いところです。

　では、第四次速読ブームは起こるのでしょうか。２０２４年現在、「瞬読」「楽読」の力は強いもののブームにまでは至っていません。

　しかし、その予兆は最近、節々に感じられます。例えば２０２４年４月に、三宅香帆氏による『なぜ働いていると本が読めなくなるのか』（集英社新書）という本が出版され、話題になりました。

　単純に働いていると読書の時間がとれないというのが最初の答えで、読書よりも手軽なスマホの動画などを観てしまうからという意見もあるようでした。

　私はこのような現状だからこそ、速読を無視してはいけないと思います。私は１日何時間働こうが、速読のおかげで読書が億劫だと思ったことは一度もありません。世間の人たちもハッキリとは言わないけれど薄々気がつき始めているのではないでしょうか。「やはり、速読ができたほうがいいんじゃない？」と。こういう本が注目される理由としての背景には、潜在的にそう思っている方々が増えているからなのではないかと思えて仕方がありません。

私が前著を出版した２０２１年３月は、ネットによく「速読否定記事」が載っていたのですが、最近はそれも減ってきました。速読を頭ごなしに否定する風潮も、ここ何年かで緩やかになってきたように感じます。まだ完全に消えたわけではありませんが。

さあ、もうすぐ「第四次速読ブーム」が確実にやって来ると思います。その時に旗揚げするのは、この私「ルサンチマン浅川」であることを信じて。

文字を読む時、多くの人が脳内で音声にしています。この音声化の癖を取り、「視読」できようになることがトレーニングの目標です。スキマ時間をうまく使いながら、まずは1か月続けてみましょう。

第2章

スキマ時間でもできる基本トレーニング

速読本３００冊から編み出した方法

それではロケット速読のトレーニングに入りたいと思います。私が３００冊の速読本を読破・解析した中で、マストだと言えるトレーニング法を紹介していきます。それは、習得しやすく、確実に速読力が上がるトレーニングです。

最初に言っておきますが、トレーニングを軽視しないでください。速読の理論だけ理解しても、実際に速く読めるようにはならないのです。古今東西、さまざまな速読法が存在しますが、理論を理解しただけでできるようになったという話は聞いたことがありません。絶対にトレーニングは必要なのです。

わかりやすく例えると、その点では速読は筋トレと同じです。ちなみに今、私は個人的に筋トレにハマっており、ありとあらゆる筋トレ本を集め読んでいるのですが、筋トレにもさまざまな考え方があることがわかります。それで、もちろんそれぞれの考え方によって細かなトレーニング法は違うのですが、結局、どれだけ理屈を理解しても、実際にトレーニングをしないと筋肉は絶対につかないということです。どんなに筋肉の構造や運動の理論を完璧に理解しようが、それだけでは筋肉はつかないのです。

逆に言えば、多少フォームが間違っていたとしても、毎日腕立て、腹筋、スクワットをやっていると必ず筋肉はついていきます。確かに、正しいフォームじゃないと筋肉がつきづらいというのはあるでしょう。しかし、正しいフォーム云々はその後の話、そもそもトレーニングをやらないと話にならないのです。

速読も同様で、流派によってやり方に多少の違いはあれど、トレーニングなしでは絶対に速く読めるようにはなりません。

よくある速読本の宣伝文句に「この本を読むだけで必ず本が速く読めるようになる」というものがありますが、「読むだけで」速くなるということはあり得ません。その本の書いてある方法を理解し、その本に書いてあるトレーニングをしなければ読書のスピードは速くはならないのです。

「眼球トレーニング」は速読のスクワット

前置きはこのぐらいにして、トレーニングに入りましょう。速読と言えば、「目を動かす」トレーニングです。「眼球運動」「視点移動」のトレーニングは、どの速読法にも必ずと言っていいほど導入されています。当たり前の話ですが、**目は速く正確に動いたほうが、速読には有効です。**

眼球トレーニングは、視覚機能を上げるために行います。筋トレでいうところの腕立て伏せ、腹筋、スクワット、野球でいうところの素振りにあたる基礎的な訓練です。毎日やってほしいと思います。

ちなみに私は、15歳の時からずっとこのトレーニングをやっているのですが、めちゃくちゃ目を速く動かすことができます。人に披露するとちょっと引かれるくらい速いです。

多分、トレーニングをやったことがない方だと、目を動かすことが難しかったり、思うように動かなかったりすると思います。私も最初はそうでした。でも、トレーニングを続ければ、できるようになります。

眼球トレーニング

目を縦、横、斜め、8の字に動かしていくのですが、両手を前に出し、人差し指を立てた状態で、交互に爪を見ていきます。手の位置を縦、横、斜めに変えて、トレーニングしていきます（47ページのイラスト参照）。

慣れてきたら、四角いものでいつでもトレーニングができます。例えば、テレビを見ながら、テレビの枠を使ってトレーニングすることもできます。番組を観ている時、CM中だけでもやってみてください。ただし、やりすぎると目を痛めることがあるのでご注意ください。

余談なのですが、私は高校時代、学校の朝礼の時、体育館のステージの上の四つ角で眼球トレーニングをしていました。校長先生のお話の時、ずっと目を動かしまくっているものですから、校長先生から見ると、さぞかし不気味な生徒だったことでしょう。

視読は日常でも無意識に行っている

眼球トレーニングをできれば毎日3分必ずやっていただくとして、次のトレーニングに進みたいと思います。

前章で、「速読するためには視読という読み方が絶対に必要不可欠だ」というお話をしました。

私は当然、本を読んでいる時には視読しているわけですが、その様子を周りの人に見られた時、よく言われるセリフが「本当に読めているの?」というものです。

結論から言うと、答えは「YES」なのですが、やはり視読という読み方があると

眼球トレーニングのやり方

両手の人差し指を立てて顔の前に出し、指先を交互に見ていく。ひじは曲げてよい。縦、斜めも行う

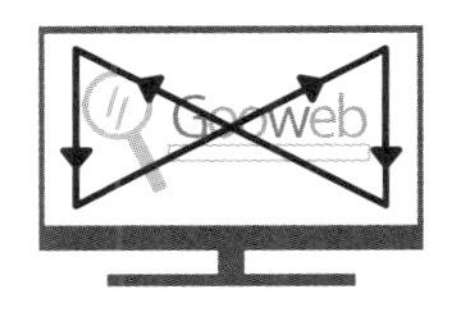

パソコンのモニターやテレビなど、身近なものでも縦、横、8の字を行う

いうことを知らない方からすると、どうも腑に落ちないようです。

何度でも強く言い続けますが、**「頭の中で文字を発音しなければその文字を認識することはできない」という考えは間違っています。**確かに、それをこちらからアウトプットする時は、音に変換しないと伝えることはできないので、文字を発音していますが、前章で述べた読む過程の「認知」の段階では、文字を脳内で発音しなくとも、「見ただけで」認識できるのです。

これはみなさんも無意識のうちに行っています。コンビニ名でも駅名でも構いません。普段見慣れている看板や標識の文字について、意識しなければそこに書かれている単語を脳内発音せずに認識できていると思います。もちろん改めて意識した時、初めて目にする時は頭の中の声で発音すると思いますが、認識の段階では、頭の中で発音していないはずです。

その状態が「視読」に近い状態です。その状態を本に書かれている文章に対してやる、というのが視読です。

もう一つの例えを挙げるならば、「新聞をざっと読んでいる」時の感覚に近いかもしれません。新聞を読む時、最初の1文字目から順番に読むことはないと思います。ざっと見て、読みたい箇所を探している時のあの感覚、あれが視読状態です。

音読と相性がいいのは速聴

余談ですが、「視読」に対して、著名な速読法はどう説明してきたかにも触れておきます。

ジョイント式系列の速読法は「右脳速読」「左脳速読」と説明してきました。ウェルニッケ野やブローカ野などの脳の言語野の使い方を変えるためにできた造語で、「視読」は「右脳速読」、黙読のスピードを速める速読を「左脳速読」と呼ぶことでわかりやすく区別しました。これは「右脳」がイメージ処理が得意で、「左脳」が言語処理が得意であることから来ているものだと思われます。

また、栗田昌裕氏のSRSは視読を「光の読書」、黙読を「音の読書」だとしました。なかなかキャッチーなネーミングですね。「光の読書」は並列処理、「音の読書」は直列処理と、理系的かつオリジナリティがありますね。

このように、古今東西のさまざまな速読法の大半が、「視読」状態を目指します。中には「黙読のスピードを上げる」ことだけを目的とした速読法も存在しますが、やはり音に縛られている限りは、通常の3、4倍が限度だと思います。

ちなみに、**「黙読のスピードを上げる」「左脳速読」「音の読書」と相性がいいのは「速聴」です。**速聴とは、倍速で音声を聞くことです。これにより黙読のスピードを上げることができます。

とにかく今は「黙読のスピードを上げる」速読ではなく、当然のように「視読」ができる状態にまで持っていってほしいと思います。

それでは、トレーニングの実践です。

超高速フリップトレーニングのやり方

ページをしごくように速くめくり、見る。文字は認識できなくてもよい

超高速フリップトレーニング

このトレーニングでは、ソフトカバーの単行本（新書、文庫本でも可）を用意します。視読に慣れるためのトレーニングなので、本の内容は何でも大丈夫ですが、文字の大きさ、空白の多さなどは気にしたほうがよいでしょう。文字は大きいほど、空白は多いほど初心者はやりやすいです。慣れてくれば、文字が小さくて敷き詰められている本のほうがトレーニングになると思いますが、**最初は文字が大きく余白の多い本を使うことをおすすめします。**

本の用意ができたら、次に両手で本を持

ち、縦書きなら左手、横書きなら右手でページを「繰る」ようにめくります。具体的には、親指の腹でしごくような感じです。その際、微妙な圧力のかけ方が難しく、最初は1ページずつめくることができないと思いますが、何回もやるとだんだんできるようになってきます。音にするとシャーッという感じでめくるのです。

そして、そのめくっているページを目で見ます。2回、3回、10回めくってもすぐ終わります。とにかく、そのめくっているページを見るのです。視点は見開き全体が目に入るところに固定で構いません。注意点は、必ず飛ばさずに全ページちゃんとめくるということです。

脳が高速に慣れていく

大量の文字が、一瞬にして消え、変化していくと思います。最初は文字を認識することさえできないでしょう。しかし、10回、20回と繰り返すうちに脳が「慣れて」きます。理解はできないまでも、文字がちょっとだけでも認識できていきます。

それでいいのです。

我々の顕在意識は速すぎて理解することができないのですが、潜在意識が「どうにかして理解しよう」と頑張ってくれます。潜在意識はそのスピードに「食らいついていこう」とするのです。つまり、脳が高速の状態に慣れていくのです。

イギリスの能力開発の権威、トニー・ブザンが使っていた「高速道路効果」というものがあります。これは何かと言うと、高速道路を時速100キロで1時間走った後、突然時速40キロの標識が見えて、時速40キロに減速したつもりでも、時速60~70キロで走ってしまうことです。脳が時速100キロの状態に慣れてしまい、速さの感覚の認識が狂ってしまったのです。これは、バッティングセンターで時速160キロのボールでみっちり練習した後、時速120キロに変えるとゆっくりに感じる現象と同じです。

このページを高速でめくり、それを見続ける方法は、1980年代に「ジョイント式速読法」が提唱した方法です（もちろん、高速道路効果等はそれ以前から研究されていました）。そのお手軽さ、やりやすさ、習得率、安価さ、ハードルの低さ

など費用対効果がバツグンのトレーニングで、他の速読法でも取り入れられていま
す。ここまでコスパのよいトレーニング方法は他にないと言っても過言ではありま
せん。まさに速読トレーニングの大発明といったところでしょうか。

このトレーニングは、毎日3分やり続けてください。3分もやるのはキツいとい
う場合は、めくる速度を変化させてもいいと思います。本を一瞬でめくる「超高
速」から、文字がギリギリ判別できる「高速」、そして文字がギリギリ認識できる
「低速」といった具合にいろんな速度でめくってみるのもよいかと思います。変化
をつけることで、脳を遊ばせながら鍛えるのです。また、こうすることで、飽きる
ことを防ぐこともできます。

このトレーニングは、もちろん「文字の脳内音声化」を防ぐ効果がありますが、
なんと普通に黙読しても速く読めるようになっているという効果もあります。

さあ、みなさん、騙されたと思って、普通に読んだ本を3分間、超高速フリップ
トレーニングをしてみてから、もう一度普通に読んでみてください。トレーニング

後のほうが速く読めるようになっていることを実感できると思います。

目をページ上でダンスさせる

高速視点移動トレーニング

先ほどの「超高速フリップトレーニング」は、視点を固定したままページをめくる、すなわち文字のほうを動かして認識していくトレーニングでしたが、この「高速視点移動トレーニング」は、ページはめくらず、文字を固定したまま視点を動かしていきます。つまり、**基礎トレーニングの「眼球運動」を本のページの上でやるのです。**超高速フリップトレーニングはソフトカバーの本のほうがやりやすいのですが、**このトレーニングはハードカバーのほうがやりやすいかもしれません。**

具体的には、本を開いて、四隅に縦、横、斜め、8の字、そして自由型と視線を動かしていきます。この時、「文字」や「単語」や「本の内容」に意識を引っ張られないようにすることが大事です。あくまで、これは速読するためのトレーニングなので内容を意識する必要はありません。ページもめくる必要はありません。内容を知りたいのであれば、読んでください。ここでやることはトレーニングなので、読むこととは分けて考えることが大事です。

このトレーニングも、超高速フリップトレーニングと同じく、脳を高速に「慣らす」のが一番の目的です。上級者になってくると、「ページ上で目をダンスさせる」「ページ上で蝶が舞う」ような動きになってきます。これが上手にできるようになると、脳内音声化の癖はだいぶ取れてきたと感じるようになってきます。いろいろな本で、いろいろな景色で試して飽きがくるのを防いでください。

少し余談になるのですが、速読している人が速読を説明する時の例えの一つに、「本を絵画のように観る」というのがあります。文字列のカタマリを、まさに「絵」を鑑賞するように「観る」のです。これは、文字の脳内音声化の癖が抜けたからそのような例えになったと思うのですが、このトレーニングを毎日続けていると、必

高速視点移動トレーニングのやり方

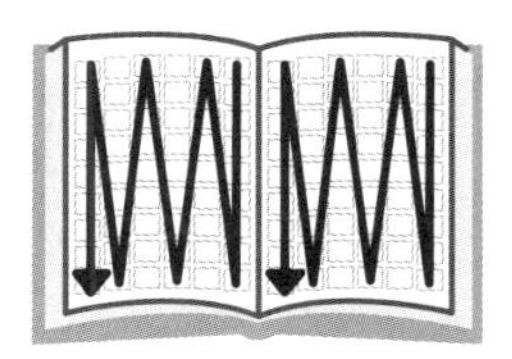

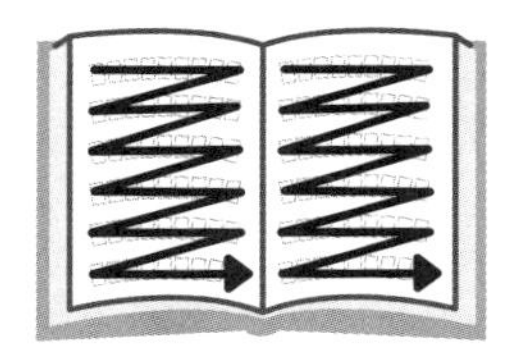

文章に沿って、目を速く動かす。文字を頭の中で
音声化しないことがポイント

文章の並びに関係なく、自由に視線を動かす

ずその状態になる時が来ます。

これも毎日3分でいいのでやりましょう。ただし、眼球トレーニングと同様、無理をしないように気をつけましょう。

文章をカタマリで読んでいく

ブロック読みトレーニング

文章の内容を「カタマリ」で理解するトレーニングです。先に挙げた「高速視点移動トレーニング」は、ページ上の文章を「意味に引っ張られないように見る」ためのトレーニングでしたが、この「ブロック読みトレーニング」はアプローチの方向がその逆で、「意味の取れる範囲を広げていく」ためのトレーニングです。

速読をやったことのない方は、最初、文字を1文字ずつ認識し、縦書きなら上から下に、逐次的に読んでいると思います。これを、まず1行ずつ読んでいく訓練か

ブロック読みトレーニングのやり方

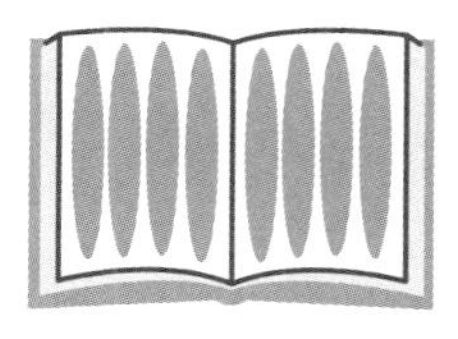

1　2〜5行ずつ見る
練習から始める

2　慣れたら4分の1ページ
ずつ見ていき、だんだん
視野を広げていく

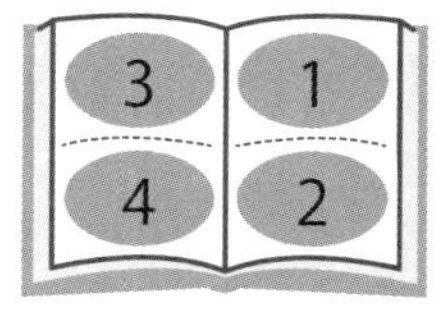

3　2分の1ページずつ見る

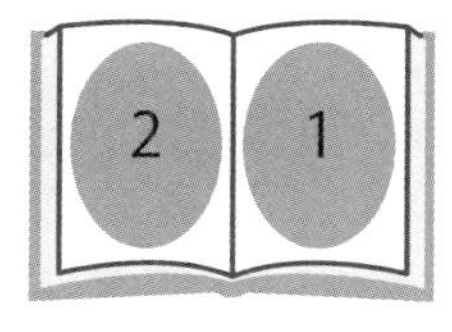

4　1ページずつを見る

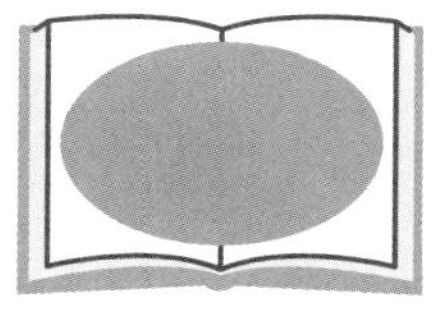

5　見開きが目に入るように
なるのが目標

ら始め、2行ずつ、3行ずつと幅を増やしていきます。**「視幅（文字を見る視野の広さ）」と「識幅（文字を認識できる視野の広さ）」を少しずつ広げていく**のです。

やってみるとわかると思うのですが、2行ずつ読もうとすると、「黙読することはできない」ことに気づくはずです。脳内で文字を音声化している限り、2行ずつ読むことはできないのです。ですから、**2行ずつ読めるようになったということは、黙読状態から視読状態になっている**という証でもあります。

中級者になってくると、1ページを4つのブロックに分割し、目を上下に1回、左右に1回動かしただけでブロックごとに意味を理解できるようになってきます。そして上級者は見開きを一気に読みます。この状態まで来ると、いわゆる誰が見ても納得する「速読」ができている、ということになるかと思います。

「本当にそんな読み方ができるのか？」という声が聞こえてきそうですが、そのための「超高速フリップトレーニング」と「高速視点移動トレーニング」なのです。

「超高速フリップトレーニング」で、潜在意識を活性化・高速化させます。そして「高速視点移動トレーニング」で文字を同時に認識する速度を上げる訓練をしているので、かなりやりやすくなっていると思います。

ちなみに、「高速視点移動トレーニング」と「ブロック読みトレーニング」は対になっています。速度を上げることから入って、認識力を高めていく高速視点移動トレーニングは速さ優先型。これに対し、意味理解から入り速度（範囲）を上げて（広げて）いくブロック読みトレーニングは意味優先型です。この二つはアプローチが逆方向ですが、最終的には同じところを目指しているのです。いわば視読をマスターするための両輪で、両方を繰り返すことで視読をできるようにしていきます。このブロック読みトレーニングも3分やりましょう。

脳に負荷をかける最強トレーニング

次にご紹介するトレーニングは私の完全オリジナルです。自画自賛になりますが、**「最強のトレーニング」と呼べるほど効果が素晴らしい**ので、ぜひとも実践して能力を爆上げしていただきたいと思っています。巷で流行りの、ゆるゆるな速読トレーニングに対して、そのアンチテーゼとしてこのトレーニング法をご紹介します。先ほどの超高速フリップトレーニングのところで、潜在意識は「食らいついていこうとする」という説明をしましたが、その性質を最大限利用します。

そのコツは「脳に限界まで負荷をかけ続ける」ことです。それではトレーニングの説明に入りたいと思います。

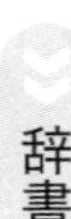

辞書トレーニング

まず、辞書を用意します。**おすすめは英和辞典です。**国語辞典や古語辞典、世界史用語集、六法全書などでも使えますが、英和辞典が一番効果を体感しやすいと思います。英語と日本語が混ざっているところがいいのです。英和辞典で何か月かやってみて、飽きてきたら世界史用語集なども使ってみるのもよいかもしれません。

辞書トレーニングのやり方

辞書を開き、見開き全体を見続ける。ページはめくらなくてもよい。著者は1分ほど見続けたら、めくることが多い

やり方は簡単です。**ページに敷き詰められた細かい文字をひたすら集中して眺めます。**特定の文字ではなく、全体を見るイメージです。文字の大群が蠢く辞書の中を、ただ眺め続けます。ある程度眺めて飽きたら、ページはめくってもよいので、また次のページをじっと眺め続けます。読むというより「眺める」感じです。頭の中に単語が入って黙読してしまう場合もありますが、気にしなくて構いません。

ずっとやっていると、潜在意識が何とかしてその情報を捉えようとしてきます。脳のキャパシティを遥かに超える情報をなんとか理解しようと食らいついてくるのです。理解できていなくても構わず続けます。すると、脳がオーバーロードして、変性意識状態になります。疲れて眠たくなるような感じです。その状態を維持したまま、それでも文字を眺め続けます。とにかく脳に負荷をかけ続けるのです。そして、ストップウォッチやタイマーなどで10分計り「時間で」トレーニングを終了させます。

能力の急な上がりすぎに注意

このトレーニングを終えた後、普通に本を読むと、文字が大きく、内容も簡単に感じるようになっています。そして理解度も上がっています。黙読の癖も抜けやすくなっています。

ポイントは、ふとした時にこの状態を思い出すことです。そうすることで、**能力を発揮したい時に最適な精神状態を再現しやすくなる**のです。

注意点としては、このトレーニングは無理やり能力を覚醒させるため、インプットされる情報が増えすぎてしまうことです。そうなるとアウトプットの際に情報の取捨選択に困って、言葉が出てこないことがあります。私も一時そうなりました。大量に情報をインプットできるのは、ありがたいことではありますが、やりすぎておかしくならないように、時間を決めて終えるようにしましょう。

筋トレに例えるなら、今までのトレーニングが腕立て伏せや腹筋だったのに対し、この辞書トレーニングはバーベルを持ち上げる「高強度のデッドリフト」に近いものがあると言えます。まさに「限界を超えようとする」ことで強引に鍛える能力開発法なのです。

日常生活の中で記憶力を上げる

最後にもう一つ、私が実践している記憶力を上げるトレーニングを紹介しておきます。

残像トレーニング

これは、これまでのトレーニングに使った本を使って、その内容を画像として記憶に残せるようにするトレーニングです。つまり、「どこに何が書かれていたか？」まで覚えてしまおうというものです。

「そんな人間離れしたことできるわけない」と思うかもしれません。確かに一度読んだだけでは無理です。しかし、徹底してトレーニングで繰り返し使用した書籍は、自分の血肉となっているはず。何回もトレーニングを通して読み込んだ本なら、できるはずです。

これもやり方は簡単です。一度目をつぶり、頭の中で目の前の映像を再現し、目を開けて頭の中の映像と現実の映像を答え合わせとして確認することです。これによって記憶力アップも期待できます。

なおこのトレーニングは、本でなくても構いません。公園のベンチで休んでいる時に目をつぶって、目の前の景色を思い出す。電車に乗っている時に、目をつぶっ

残像トレーニングのやり方

目をつぶって、目の前にあったものを思い出す。
どこでもできるトレーニング

て前にいる乗客の格好を思い出すといったことでもいいのです。**トレーニングは日常の中で行うことが大切です。**

ページを見るだけで意味が取れるようになる

これにて基本トレーニングは終わりです。「視読」できる状態になるためのトレーニングは、全て提示できたと思います。本当に、絶対に視読はできるようになるので、**とりあえず1か月間、毎日続けてみてください。**それで、もし視読ができるようになったら、もっと続けてみてほしいと思います。

そして、**トレーニングを3か月ほど続けていくと、「頭の中で音読しなくても見ただけで意味がわかる」状態を実感できる**と思います。

その感覚を味わうために、例えば、図書館や書店に行って、適当な本を手にとって読んでみてほしいと思います。ページを開いて「見る」だけで意味が取れる状態を体感してみてください。できるようになっていると思います。

もし、3か月続けても効果が出ていないとしても、途中で投げ出さないでください。3か月というのは目安ですし、効果には個人差があります。今までやってきた癖を抜くというのは、大変なことです。視読ができると信じて、トレーニングを続けてみてください。必ずできるようになります。

次の章では、視読ができるようになった後、能力自体を爆上げするためのトレーニング法を紹介したいと思います。

基本トレーニングまとめ

準備運動

眼球トレーニング
指やテレビなどの四隅を使って、
縦・横・斜めや8の字に目を動かす

メインメニュー

超高速フリップトレーニング
高速で本を何度もめくり、それを見続ける

高速視点移動トレーニング
本を開き、縦・横・8の字・自由形に目を動かす
文字を頭の中で音声化しないことが目的

ブロック読みトレーニング
文章を2行以上のカタマリで見る

辞書トレーニング
辞書の適当なページを開いて眺める
ページはめくらなくてもいい

残像トレーニング
目をつぶり、目の前の風景を思い出す

最低でも1か月、できれば3か月取り組むのが理想

速読とオカルト

速読は、オカルトと親和性が高いのも事実です。もともと、最初に日本で流行した「キム式速読法」自体が、丹田呼吸、精神統一、一点凝視と、超能力開発に近いものがあったからです。

また、第二次速読ブームであるジョイント式が流行った背景にも、当時の「右脳」ブームと同調したのが一因というのもあります。左脳を論理脳、右脳を感性脳と分けることで「右脳を鍛えると未知の能力が目覚める」という触れ込みから、七田式と同じく「右脳速読」という特殊な名称がつけられたりもしました。

七田式などは右脳速読の極致まで行った方法で、「波動」「エネルギー」「ＥＳＰ」などの用語が頻発します。七田式で一番衝撃的だったのは、「本に手をかざすと情報エネルギーが手を通して脳に入ってくるので、ページを読まなくてもその本に書いてあることがわかる」というものでした。そこまで来ると、もはや速読ですらないのでは、と思ってしまいます。

1990年代中盤のオウム真理教事件以降、世間ではオカルトを毛嫌いするような風潮も出てきて一度は沈静化しましたが、やはり超能力を身につけたいという超人願望がある人が一定数存在するので、この手の本はまだまだ出版されています。

私自身はどうかと言うと、オカルトはオカルトで割り切ることができれば、七田式のような超能力的な速読法の研究をしてみるのもありだとは思っています。そのような右脳速読を追求するあまり、〝そっち方面〟に興味が向かっていくのは、仕方ないことだと思うからです。

しかしそれとは別に、私にも個人的にどうしても受け付けないオカルトがあります。それは「速読には笑顔が大事」とか「人類愛が必要」とか、速く読むこととは全く関係ないことを速読法の一環にしているようなオカルト団体です。どことは言いませんが。

そういったところは速読スクールが怪しい自己啓発セミナー化しており、私はこれだけはどうしても納得ができません。自己啓発セミナーを開くこと自体は別に構わないですが、速読を餌にしないでほしいと心から願っています。速読を冒涜しないでください。

「速読を追求しすぎてオカルトに走る」のと「自分のオカルト団体に引き込むための餌として速読を利用している」のは、因果関係が全く違います。前者はいいですが、後者は納得がいきません。

この本を読んでいるみなさんには「速読は、本を速く読む技術であって、それ以上でもそれ以下でもない」ということを肝に銘じていただきたいです。

鉄は熱した後に冷ますことで強くなるそうです。同様に、視読とは相反する音読トレーニングを行うことで、能力が高まっていくのです。しかも、高速で音読することで、さらに頭の切れ味は増していきます。

高速音読で
脳の処理能力を
爆上げする

視読ができると覚える違和感

前章では、「視読」ができるようになるためのトレーニング法について解説してきました。

実は視読ができるようになると、違和感を覚えることがあります。

ここで、視読ができるようになった人特有の「あるある」についてお話しすると、まず「本当に情報が入ってきたのか不安」になり、やがて「見ただけで意味が理解できてしまって気持ち悪い」という状態になってしまうのです。今までになかった感覚なので無理もありません。

そうすると、その人はどうするか？　残念なことに、速読をやめてしまうことが多いのです。人間にもともと備わっている現状維持機能が働き、居心地の悪くなった状態から脱却するため、無意識のうちに元の黙読状態に戻ろうとしてしまうのです。

その結果、多くの人が速読への道を諦め、結局「速読なんてできなかった」と思ってしまうのです。それだけは避けてほしいと思います。戻るのではなく、次の段階に進むのです。臆することなく「視読人生」を歩まれることを願っています。

他の速読法を超えて視読の先を目指す

さて、日本にはありとあらゆる流派の速読法がありますが、そのうちのほとんどが、「視読」状態で読めることをゴールとしています。つまり、各々やり方はわずかに違えど、先ほどあげた第2章のトレーニング部分で完結しているのです（辞書トレーニングは完全に私のオリジナルです）。そして、後はとにかくトレーニングして視読による理解度を上げていきましょう、という段階に終始しているのが大多数の速読法の考えです。

確かに、速読の目的として「視読をデフォルト状態にし、あとはとにかく本をたくさん読んで数をこなしましょう」という考え方は、間違ってはいないと思います。

しかし、私は「その先」に進みたい。その先へ進まないと、私の書く速読本の価値はないと思うからです。では、その先とは何でしょうか？

それは「音読」です。もう一度言いましょう。「音読」です！

音読が速読を補強する

「何を言ってるんだ？」と思った方も多いと思います。今の今まで、音読によって染みついた黙読の癖を抜くために視読のトレーニングをやってきて、ようやく「視読」できるようになってきたのに、「なぜまた音読に戻るのか？」と思ったことでしょう。ここで音読なんてすると、せっかく視読できるようになったのに、またできない状態に戻ってしまうんじゃないか、と思ったかもしれません。

しかし、そこが肝なのです。私は先ほど、「視読」できるようになったら違和感を覚えたからといって、「黙読」に戻らないでください、と言いました。しかし、「音読」に戻らないでくださいとは言っていません。

どういうことかと言うと、視読できるようになった状態で、今度は音読のトレーニングをするのです。これこそ、ルサンチマン浅川式速読法の肝なのです。

音読トレーニングをする理由は主に二つあります。

まず一つ目は、「入力、処理、出力」の固定です。視読している時の感覚の問題点の一つとして、「ページを見ただけで理解はできているのだが、それが本当に『理解できている』という感覚なのかわからない」というものがあります。視読は今まで行ってなかった新しい読み方なので、その感覚は当然起こり得るものです。理解はできているのですが、理解できているのかどうかの確証が自分の中にない、という状態だと言えばわかるでしょうか。

例えば、視読した後、「今、視読で読んだ内容を説明してください」と言われても、なかなか説明が出てこない人もいるのではないでしょうか。これは「入力」「処理」「出力」がきちんと同時に行われていないから起こる現象です。「入力」は視読なので音声を介さず理解（処理）していますが、「出力」は説明する時に音声にしなければならないからです。この「入力」「処理」「出力」変換にタイムラグがあるため、視読で読んだ内容は、すぐに人に説明しにくいし、本人すら本当に理解できているのかどうかが認識しにくいのです。

その状態を改善するためにやるのが「音読」です。音読は「入力」「処理」「出力」を同時に行う行為です。**特に視読ではその特性上うまく使えなかった「出力（声に出す）」を強化できるため、視読の弱点を矯正できるメリットがあります。**

音読をしても、視読のやり方を忘れることはない

音読する二つ目の理由は、「相反する真逆のトレーニングを交互に行ったほうが効果が高い」ということです。

確かに、一度視読ができるようになってから、音読をすると、一時的に視読の癖は抜けてしまいます。しかし、「視読できるという状態」を忘れてしまったわけではありません。子供の頃にやった自転車に乗る訓練のように、一度乗れるように

視読、音読、速読の関係

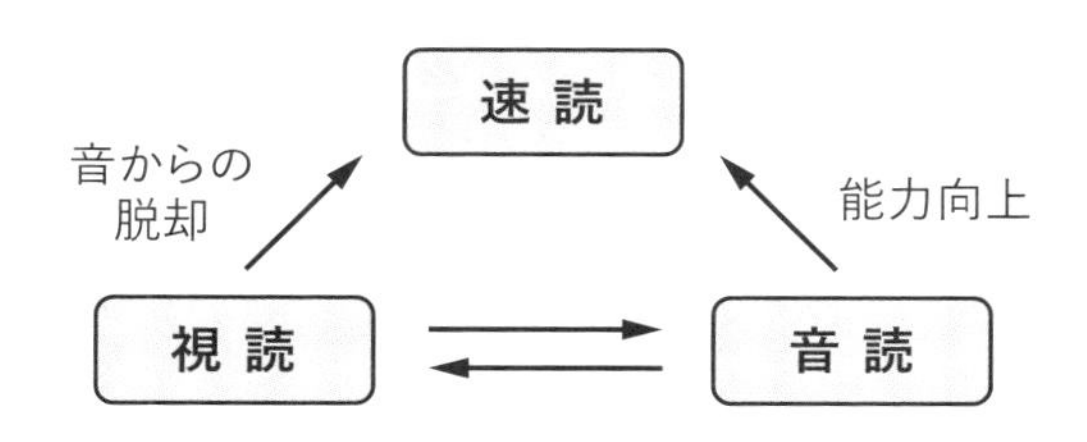

視読と音読という相反する読み方を繰り返すことで、
結果的に速く読めるようになる

なってしまえば乗り方を忘れることはないのと同じです。

むしろ、音読のトレーニングをやりすぎて視読の癖が抜けたと思ったらチャンス、今度は視読のトレーニングに戻ればいいのです。やり方は身体（脳）が覚えているので、すぐに視読に戻ることができます。そして、視読のトレーニングに飽きたら、今度は音読のトレーニングに変えるのです。

つまり、**視読と音読、この相反する二つの読み方のトレーニングを繰り返すことによって、「両方とも」うまくできるようになっていきます。**英語の勉強に例えるなら、「英語を英語のまま理解する訓練」と「徹底した英文和訳の訓練」を交互に行うことによって「英語力」そのものが上がっていく、というのにも近いと言えます。

また、片方に疲れたらもう片方をやることによって疲労感やストレスを消すというメリットもあります。学生時代、部活でスポーツをやっている人のほうが成績がいい人が多かったのは、スポーツで身体が疲れたら勉強、勉強で頭が疲れたらスポーツというように、真逆のことをそれぞれの発散にしていたからだと思います。

もう一つわかりやすい例えを出すと、刀鍛冶における「焼入れ」というものがあります。よく切れる刀を製造するためには、鉄を加熱し温めた後で、急速に冷却することによって刀の硬度を高めるのです。

視読と音読もこの「焼入れ」に似ています。つまり、相反する真逆のことを行うことでトータルの能力を上げていくのです。「速読力」というものを刀に例えるなら、視読と音読の徹底した繰り返しによって、硬さが増していくのです。

頭の回転がよくなりすぎて、お笑いライブで失敗

ここまで「音読」と書いてきましたが、もう一歩先へ進みましょう。

ただの音読でも十分よいのですが、**さらに上に行くためには「高速音読」を推奨します。**

高速音読とは、「頭と口が回る限界の速さで音読する」というものです。すなわち、詰まりも噛みもしない限界の速度で音読するのです。これは、能力開発マニアである私がたまたまネットで発見して実践してみたのですが、本当に効果が凄かったのです。

私が昔、この高速音読トレーニングを1か月本気で続けた時の話です（速読トレーニング自体は毎日続けています）。その時の脳の覚醒感は、とてつもないものがありました。

ある日、お笑いライブに出たのですが、頭の回転が速くなりすぎて、言葉も淀みなくどんどん出てくるし、まったく詰まらないし噛まない。しまいには、相方がボケる前にツッコんだりしてしまいました（今はピン芸人ですが、以前はコンビを組んでいました）。

これはどういうことかと言うと、あるワードが出た瞬間に、相方がどう言ってくるかが予測できてしまい、相方の発話より速く反応してしまったんですね。周りの芸人からも、「今日キレッキレだけど、どうしたの？」と言われました。脳のギアの上がり方がハンパなかったのです。

ただ、ボケる前の「フリ」の状態でツッコんでしまうため、結果として「ボケ潰し」になってしまいスベる、というお笑い的にはマイナスな状態でした。

音読で脳の血流量が上がるのは証明済み

この「高速音読」は、いいことがたくさんあります。高速で「入力」「処理」「出力」を同時に行うため、単純に「頭の回転が速くなる」ことはもちろん、音読による「脳の活性化」が起こります。脳科学者の川島隆太先生の研究によれば、音読では黙読よりも脳の血流量がアップしているそうです（注1）。

また、「ワーキングメモリの増加」も期待できます。ワーキングメモリとは、一時的に情報を記憶する働きで、これが衰えると、予定を忘れてしまったり、ケアレスミスを起こしがちになったりします。高速音読では、「あ、い、う、え、お」など一文字ずつ声に出すのではなく、少し先の文字まで頭に入れてから、声に出すことになります。これがワーキングメモリに役立つそうです（注2）。

また、速く噛まずに喋ろうとすることによる「滑舌改善」、自分から声を発することによる「コミュニケーション能力の向上」など、単純に能力開発法として単体でもかなり効果の高いトレーニング法です。

とことん視読と高速音読を繰り返す

ここまでをまとめると、**ルサンチマン浅川式ロケット速読のトレーニングとは、「『視読トレーニング』と『高速音読トレーニング』の永続的な繰り返し」ということになります**。こうして、ロケットエンジンのように脳の働きにブーストをかけ、速読力や情報処理能力を上げていくのです。

この方法論に関しては、まだ誰も提唱していない私のオリジナルです。確かに、「視読」と「高速音読」、それぞれはもう他の誰かによって提唱されています。しかし、正反対の行為の両方を徹底的に繰り返すという方法は、まだどこからも出てきていません。往々にして、視読提唱者は音読を、音読推進派は視読を嫌う傾向があるからです。

高速音読トレーニング

高速音読のトレーニング方法はいたって簡単。先ほども申し上げた通り、**「噛まない、詰まらない」ギリギリの速さで読む**のみです。読むのは第2章で使用した書籍で構いません。

第2章の視読トレーニング（辞書トレーニングを含む）を徹底的に行い、飽きが来たら同じ書籍（辞書でも可）を高速音読で読む——その繰り返しです。

なお、第2章のトレーニングでは10分などと制限時間を設けましたが、このトレーニングに関しては「あえて」制限時間を設けません。納得がいくまでやってほしいと思います。とにかく、やってやってやってやり込んで、徹底的に能力を爆上げしていただきたいです。

これにて「速読トレーニング」の解説は終わります。次章では、速読する際の心構えについてお話ししたいと思います。

（注1）ＮＨＫきょうの健康　厳選！きょうから始める健康習慣「音読で〝脳力〟アップ」
https://www.nhk.jp/p/kyonokenko/ts/83KL2X1J32/episode/te/MXKNQ3MK95/

（注2）INFINI TV「高速音読」のトレーニング
https://www.infinitemind.jp/e-portal/2022/04/12/「高速音読」のトレーニング/

高速音読トレーニングまとめ

前章の視読トレーニングに飽きたら、高速音読トレーニングをする。高速音読トレーニングに飽きたら、前章の視読トレーニングに戻る

前章の
視読トレーニング

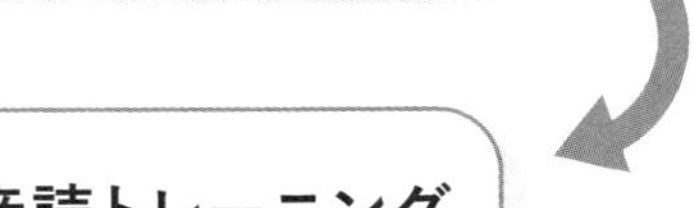

高速音読トレーニング

自分の発する声の意味が理解でき、かつ噛まないで読める限界の速さで音読する。題材はなんでもいい

「指回し体操」はコスパ最高の能力開発法

速読以外にもいろいろな能力開発トレーニングに手を出した私ですが、高校時代からずっと続けているものの一つに「指回し体操」があります。

指回し体操とは、SRS速読法の創始者である栗田昌裕氏が開発し提唱している能力開発法です。栗田博士の専売特許である指回し体操を私が紹介するのも変な話ですが、本当に素晴らしいので「いち愛好家」としておすすめさせていただきます。

やり方は簡単です。両手の指先を合わせてドームの形をつくります。そして、親指同士を旋回させ、次に人差し指、中指、薬指、小指と順に回していくだけです。

この指回し体操の効果が素晴らしく、健康増進、頭脳の活性化、情緒安定、ストレス軽減、肌質の改善など多岐にわたっていると言われています。しかも、取っつきやすくいつでもできる、道具も必要なく、多様なパターンがあり飽きにくいなど、とにかくメリットが多くデメリットが少ない優れた能力開発法なのです。

指回し体操と言えば、こんな思い出があります。以前、なべやかんさんの紹介で、速読の話をしに埼玉県の入間の会合に行った時のこと。この時もこの指回し体操を紹介したのですが、参加者はみなさん指を回し始めました。私の速読の話よりもこの体操のほうが印象に残ったようで、複雑な思いでした。それだけ取っつきやすいということです。

そんな私は、28年以上この指回し体操をかなりやり込んでおり、2本同時回し、3本同時回し、4本同時回しまでをかなり高速でできます。

速読芸人として取材を受ける時も、この指回し体操を披露して、あまりの速さに取材された方はたいてい驚かれるのですが、「この方法は僕のオリジナルじゃなくて栗田昌裕さんという方の専売特許でして」と言うと、そこで終わってしまいそれが紹介されることはありません。ただ、私は指回し体操が本当に速いのです。指は生まれつき太いですが、それでも滑らかに回すことができます。

私の場合、大学受験の勉強やアルバイトの合間に時間をつぶすために行っていた他、M－1グランプリの舞台袖では精神統一のために指を回していました。他人にもすすめるのですが、バイト仲間や芸人で真似する人は現れていません。

こうして、28年指を回し続けていますが、まだ飽きずに暇な時間に指を回しています。そしてこれからも指を回し続けるに間違いありません。

みなさんもぜひ指を回してみてください。

いくらトレーニングしても、精神面でブレーキをかけていると速読の習得ができません。速読を続けると知識量が増え、読書スピードはますます上がっていきます。意識のブレーキを取り払い、この正のスパイラルを生み出しましょう。

読む前に必要な「速読マインドセット」

「速読はできる」と自信を持つ

前章までで、速読のトレーニング方法をお伝えしてきましたが、ここからは実践編に入りたいと思います。

と言っても、いきなりページをめくるのではなく、まずは速読に対する心構え（マインドセット）からお伝えしていきます。私はこれを「速読マインドセット」と呼んでいますが、心構えは速読をマスターする上で、かなり重要な部分です。フォトリーディングでもアファメーション（潜在意識に対する語りかけ）は重要視されていますが、心構えは速読する上で絶対に外せません。

では、速読のために重要な心構えを、３つ挙げたいと思います。

速読マインドセット1　自分は速読ができる

まず一つ目は、「自分は速読ができる」です。これはかなり大事で、「自分は速読ができる」と確信していなければ、速読はできません。意識にブレーキをかけたままでいると、本は速く読めるようにはならないのです。

この本を手にしてここを読んでいるということは、みなさんは多かれ少なかれ速読できるようになりたい、もしくは速読に興味がある方が多数だと思います。

ですから、「自分は速読できる」ということに関しては、絶対に疑ってほしくありません。

もちろん、「速読できる」と思えば「速読できる」というような単純な精神論を語っているわけではありません。「速読できる」と思ってもトレーニングしていないと速読はできません。しかし、前提条件として、「自分は速読できる」と確信していないとかなり厳しいのです。

前章までに紹介したトレーニングを続けてきた方は、実際に速読できるようになってきていると思います。せっかく速読できるようになっても、自分の速読に疑いの目を向けることで速読力が下がってしまう。そんなもったいない話はありません。疑いを越えて突き進んでほしいのです。

「速読できる前の状態に戻るな！」

これが私が声を大にして言いたいことです。

確かに、「速読ができている」状態というのは、今までの長い読書習慣からすると不自然な状態かもしれません。速読できるようになったのに、文字を見ただけで意味がわかるようになったのに、その状態が昔の自分からすると不自然でなんとなく気持ちが悪くて、元の読み方に戻ってしまう。人間は常に居心地のよい状態に戻ろうとする習性があるので、そうなるのも無理はありません。実際、そういう人が多いですが、何度も言うように、それはやめてください。

ある意味、速読ができてしまって気持ち悪い状態になったということは、速読の回路が開き、いわゆる「速読脳」ができた状態です。英語を英語のまま理解できるようになった状態を「英語脳」ができたと言うのと同じで、文字を見ただけで読めるようになった状態を「速読脳」ができたと言います。

せっかく「速読脳」ができたのに、せっかく歩んできた速読の道を引き返してしまう。これは前章でも紹介した「速読あるある」の一つですが、「自分は速読できる」と信じて速読の道を突き進みましょう！　マンネリ化したら、「高速音読トレーニング」をやればいいのです。

「本はゆっくり読んだほうが理解できる」は思い込み

速読マインドセット2　本は速く読んだほうが理解できる

「本はゆっくり読んだほうが理解できる」と世間一般には考えられています。

しかし、私は強く言いたいのです。「本は速く読んだほうが理解できる」と。これは発想のコペルニクス的転回と言いますか、普通の感覚では「逆」と見なされるものです。

確かに、文体の美しさを味わう小説などは、ゆっくり読むほうが価値があるのかもしれません。それは否定しません。

しかし、**こと実用書に関しては、絶対に速く読んだほうが理解度は上です。**小説のような美しい文章を味わうという話と、速読で速く情報を得るという話を一緒くたにしないでください。ここではその議論はしていません。

話を戻しますが、なぜ速く読んだほうが理解できるのか?

それは、ここまでこの本で何度も繰り返し語ってきたように、情報を逐次的に処理するのではなく、大局的な視点から一気に捉えるからです。情報を直列的ではなく、並列的に処理するからと言ってもよいかもしれません。

情報をA↓B↓Cと理解していくことを「直列的な理解」と言いますが、先にA、B、Cを同時に理解し、その後で細部の関係性を捉えるのが速読の考え方です。A↓B↓Cと理解していくやり方では、もしBが理解できなければ、Cに進むことはできません。しかし、Cを先に理解したからこそ、Bが理解できる可能性もあるはずです。直列的な処理だと、そういう理解の仕方ができなくなってしまうのです。

そしてもう一つは、「繰り返しの効用」があるからですが、これについては後で説明します。

「速く読む」と「雑に読む」は同じではない

ついでに、理解度と速度の関係について私が常々思っていることがあるので触れておきます。

速読に関して、世間一般でよく言われている誤解の一つに「速く読む」と「雑に読む」を同じだという見方があります。多くの人は「速く読む」ことと「雑に読む」ことが同じことだと思っているのです。

ですが、この二つはベクトルが違います。「速く読む」の反対は「ゆっくり読む」ですが、「雑に読む」の反対は「正確に読む」です。ですから「速く正確に読む」

こともできるし、「ゆっくり雑に読む」こともあり得るのです。にもかかわらず、速読を否定する多くの人は「速読」と言うと、すぐ「雑に読んでいる」と結びつけたがる。私はこの短絡的な結びつけに対して非常に腹が立っています。

読むのが遅い人でも、内容を雑にしか理解できてない人も多いのではないでしょうか？　もちろん、速く読んで雑な人もいるとは思います。

少し感情的になってしまいましたが、

「本は速く読んだほうが理解できる」

速読を習得するために、この心構えは大事にしてください。

「読書は1回で終わらせる」という考えは捨てる

速読マインドセット3
本は何度も読んでいい

多くの人の読書についての固定概念の一つに「読書とは、本は1回だけ読んで終わらせるもの」という考え方があります。

しかし、この考え方は間違っています。このような考えは一刻も早く捨ててください。1回の読書で、本は何回読んでもいいのです。進んだり戻ったりしながら、2回でも10回でも、1000回でも1万回でも読んでいいのです（ページが汚れて見えなくならない限りですが）。

速読の観点から言えば、**1回で完全に理解しようとするから、速度が落ちるのです。**ゆっくり読んで理解できない本は、速く読んでも理解できません。それと同様に、速く読んで理解できないのなら、ゆっくり読んでも理解できないのです。

したがって、スピードを上げて、繰り返し読む回数を増やしましょう。つまり、1回で理解できない本は、「理解できないのは『前提知識』が足りてないから」と割り切って、2回、3回と回数を重ねて理解する読み方に変えたほうが得策です。

文章の意味理解というのは、「一瞬」で起こります。ページを一瞬見ただけで「わかった」と本の情報が自分の脳内と共鳴し理解できるのが速読です。**意味を一**

瞬で理解できないのなら、繰り返し読むしかないのです。

ですから、「読書は本を1回だけ読む行為」という考えは捨ててください。また、読む回数が増えるにつれ、「重要な部分」と「そうでない部分」がくっきりと自分の中で分かれてくるので、本の構造自体も見えるようになってきます。

速読の達人も専門外の読書は時間がかかる

「前提知識」の多寡によって読書スピードは変わります。これは他の速読本でも意外と語られていない盲点なのですが、かなり重要な内容です。

当たり前の話ですが、弁護士は一般の人より法律の本を速く読めますし、公認会計士は会計や税金について書かれた本を専門外の人より速く読めます。そして我々が、例えば「ももたろう」を速く読めるのは、もう既にストーリーを知っているからです。そしてついでに言うと、私は、ありとあらゆる速読本を集めているため、速読本なら一通りパラパラとめくっただけで、内容はもちろん、著者の速読家としての実力も全部わかってしまいます。それは、速読に対して圧倒的な量の前提知識があるからです。

逆に、「速読の達人」と言われる人でも、全く分野外の本を読むのは時間がかかりますし、速く読めたとしても「速く文字を認識できただけ」で、意味理解までできていないことがほとんどです。

だから、前提知識の多寡によって読書スピードが変わってしまう以上、全ての本を一緒くたにして「分速〇〇文字」で速読力を表すというのは、ちょっとナンセンスだと思います。

知識量と速読の「正のスパイラル」を起こす

しかし、ここは前向きに考えていきましょう。前提知識の多寡によって読書スピードが変わってしまうなら、前提知識を増やせばいいのです。では、前提知識を増やすためにはどうするのが一番効果的なのか？

それは、「速読で本を読みまくること」です。「ニワトリが先か卵が先か」の議論のようで戸惑われたかもしれませんが、「前提知識があるから速読できる」ことと「速読できるから前提知識を増やせる」こと、この二つは両立できます。

それは「速読」の最大の効用と言ってもいい部分ですが、**何度も何度も「繰り返し」読めるという、速読の一番の効用を最大限に生かせる**からです。これが、先ほど出てきた「繰り返しの効用」と言われるものです。

1回で理解できなければ2回。2回で理解できなければ3回と、ペンキのように理解を上塗りしながら読んでいくのです。例えば、今まで1回読むのに1時間かかっていた本を、10倍のスピード（6分）で5回読んだとしても、かかる時間は半分の30分です。

このようなやり方を、トレスペクト教育研究所代表の宇都出雅巳氏は、「高速大量回転法」と名づけています。私も基本的にこの方法には賛成です。

「速読」プラス「大量回転」で、その分野の門外漢であっても、知識はどんどん増

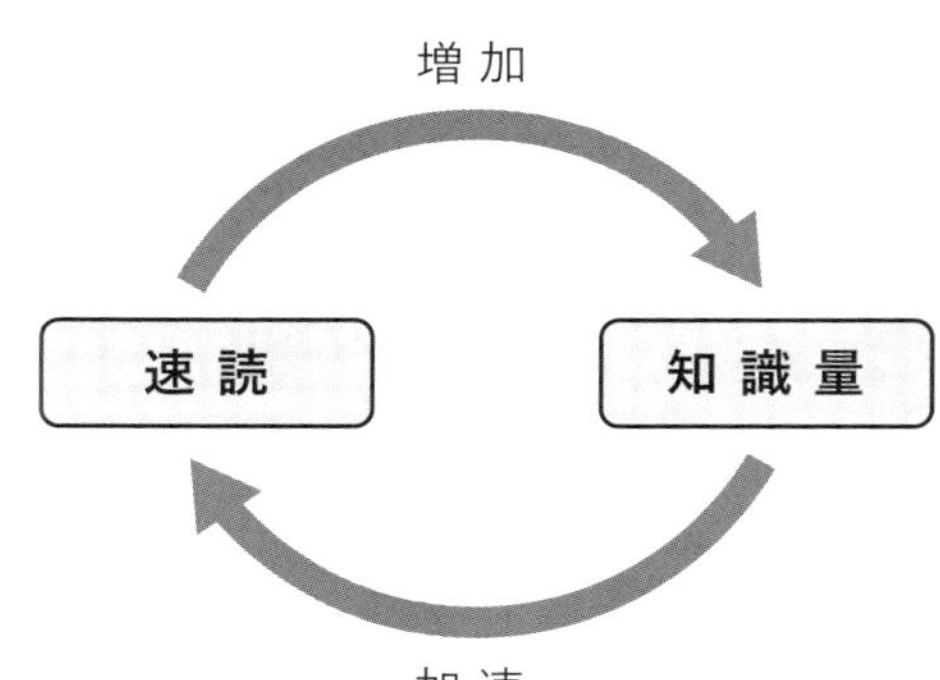

やすことができます。難しい本も、わからない本も、とにかく何度も何度も繰り返して、わかる部分を増やしていく。すると、もっと知識が増えていきます。知識が増えると、読むスピードが速くなり、読むスピードが速くなると、繰り返し読めるのでもっともっと知識が増えていきます。

まさに、**速読と知識量の「正のスパイラル」が起こる**のです。異常な量の本を読んでいる人、とてつもなく読書が好きな人などはみな、この「正のスパイラル」を起こしているのは間違いないことだと思います。

速読における3つのマインドセット

1 自分は速読ができる

2 本は速く読んだほうが理解できる

3 本は何度も読んでいい

速読をより効果的に実践し「正のスパイラル」を起こすのにおすすめなのが、図書館の活用です。興味がある本、読みたい本をどんどん読み、「正のスパイラル」を起こすことができます。しかも、ありがたいことに、たいていの図書館では利用料がかかりません。**図書館を無料の「速読ジム」にしてしまいましょう。**

さて、速読マインドセットができたところで、いよいよ次章では速読に入っていきたいと思いますが、その前に多くの方が抱く疑問をまとめました。目を通しておくことをおすすめします。

Q どんな本を読んだらいい？

A 自分の好きな本を選んでください。

この手の質問をよく受けますが、ご自身が読みたい本でいいと思います。受験生だったら参考書でもいいでしょう。社会人だったら、自分の興味のある分野の本がいいと思います。興味のある分野や、仕事などで必要性に迫られた分野なら速読しやすいかと思います。本当に、自分で決めてよいのです。

よく「怪しい速読本」には、「この本を読め！」みたいなリストがついていますが、そこに載っている本が著者のセミナーの宣伝本だったりすることがあります。別に宣伝するのは構わないとは思いますが、せっかく速読できるようになったのだから、その後の舵取りは自分でしてほしいと思います。

1冊速読してみて、もっと他の本も読んでみたいと思ったら儲けもの。すぐに他の本にも当たってください。わからないことや気になることが出てくれば、なおよいです。本を読んでいるからこそ、わからないことが出てくるのです。

人間、本来は「何がわからないかもわからない」状態で生きています。わからないことが何なのかわかっただけ、何がわからないのかもわからない人より成長しています。

速読すればするほど、わからないことが出てきて、わからないことがわかってくると、さらに新たなわからないことが出てくる。禅問答みたいな表現になってしまいましたが、わからないことがわかってきて、新たなわからないことをわかろうとすることを繰り返した結果、関心領域が広がり、いつの間にか気がつけば「知の世界」に足を運んでいたりすることだってあります。別に必ずしも足を運ばなくてもいいのですが、速読できる人は、学習速度が人の数倍、数十倍になります。

とにかく、「読みたい本」から読んでいってください。するとどんどん「読みたい本」が増えてくるはずです。速読における「正のスパイラル」を確立しましょう！

Q 速読する時の姿勢は？

A 自分が読みやすければ、どんな姿勢でもよい。

姿勢については速読の歴史を鑑みるに、重要な争点となってきました。日本に最初の速読ブームが起きるきっかけとなった「キム式速読法」では、読む姿勢を超重要視しています。キム式速読法は、姿勢を正して、呼吸を整え、丹田に意識を集め、一点を凝視しながら一気に読んでいきます。今でもキム式速読法の流れを汲む流派は、ここを重要視しています。

それに対して、キム式速読法のアンチテーゼとして生まれたと言っても過言ではない「ジョイント式速読法」は、「姿勢」や「呼吸」などに一切言及していません。

では、ルサンチマン浅川式速読法は姿勢についてどのような立場を取るのか？

「読む時に不都合じゃなければ、姿勢は何でもよい」

これが回答です。

確かに、正座して丹田呼吸をしながら精神統一をすれば集中力が増して速く読めるのは間違いないとは思います。ですが、「速読を当たり前の読み方」にできないことが問題なのです。わざわざ、その作業に入らなければならないことが速読しようとする気を遠ざけているのです。私の速読法は「速読を日常に」がモットーの一つですから、姿勢はとくに問題にしません。

正座でも胡坐（あぐら）でも、立っていても構いません。その時、一番読みやすい姿勢で読んでください。

Q 速読の際、ページのめくり方で気をつけることは？

A 各自やりやすい方法で。ただし、ページを飛ばさないこと。

基本的にはご自身のやりやすい方法でいいと思いますが、意外と他の速読本で触れられていないことなので、私の場合を紹介しておきます。

ページのめくり方と一口に言っても、ハードカバーとソフトカバー、単行本サイズと文庫本サイズで違ってきます。以下は縦書きの場合です。

・**単行本ハードカバー**　右利きの人の場合、左手で本の背を持ち、右手でページをめくります。

・**単行本ソフトカバー**　右利きの人の場合、右手で本を固定し、左手の親指でページを「繰る」ようにめくります。

・**文庫本・新書**　右手と左手の両手で本を持ち、右手左手の親指で「繰る」ようにページをめくります。基本は左手親指、補助として右手親指という感じです。

どの本も横書きの場合は、全て左右逆になります。

ページを指に「なじませる」ことができるようになると、自由自在にめくれるようになります。注意点としては、どれだけ速くページをめくろうと、飛ばしてはいけません。必ず1枚ずつページをめくってください。速読と「飛ばし読み」は違います。全てのページを目に入れて読んでください。

本のめくり方の例

ハードカバーの本では、
左手で本の背を押さえ、
右手でページをめくる

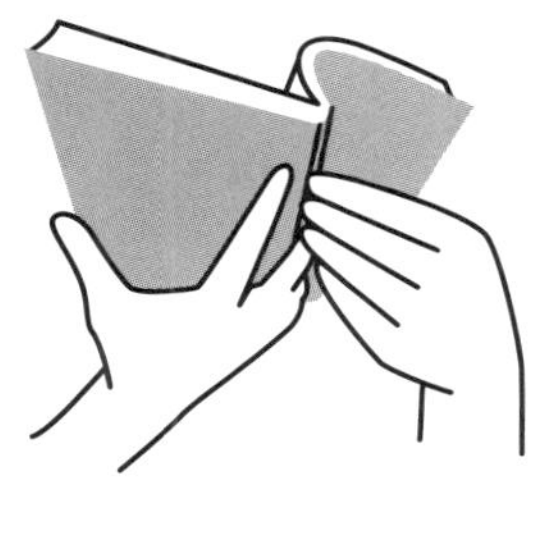

ソフトカバーの単行本では、
右手で本を押さえ、左手の
親指でページをめくる

文庫や新書では、右手
と左手で、本の左右を
押さえる

※右利き、縦書きの本の場合

Q 外国語は速読できますか？

A できるが、日本語の速読とは異なるテクニックが必要。

ここまで、日本語での速読について書いてきましたが、例えば英語など、外国語の速読は可能かという問いにも触れたいと思います。

結論から言うと、アメリカや韓国で速読ブームが起こったように、外国語でも速読は可能です。

しかし、それらの言語に比べても、日本語は圧倒的に速読しやすい言語です。その理由は、日本語は主に「漢字」「カタカナ」「ひらがな」と、3種類の文字を用いていますが、漢字はそれだけで意味を持っているからです。そのため、文章を読む時、漢字だけを拾っていっても大意が摑めます。実際に漢字だけを拾う速読法、ひらがなだけを拾う速読法が存在します。

一方、英語は語順で意味が大きく変わるため、英単語だけを見ても意味が取れないという難点があり、速読向きの言語ではありません。

それでも速読の方法は存在します。まさに、アメリカで生まれた「フォトリーディング」などは、速読する前の「準備」と速読した後の「復習」に力を入れている点で、アルファベットの弱点を軽減しています。

また、英文は論理展開のパターンがかっちりと決まっているので、それを逆手に取った読み方「パラグラフリーディング」などもあります。パラグラフリーディングは、スキミング（抜き取り読み）やスキャニング（探し読み）を利用し、なるべく読む箇所を減らしながら文章の論旨を理解する読み方です。

一般に日本で広まっている「速読」とはまた別の方法論ですが、本を速く読もうという点では同じです。英語は視読が難しいからこそ、このような読み方が発展したのではないでしょうか。

結論としては、外国語は日本語に比べて速読しにくい面はありますが、それを補うようなシステマティックな方法論があったり、言語の配列に慣れたりすると視読もできるようになってくると思います。

Q 小説は速読で読めますか？

A できなくはないが、速読には向いていない。

これもよく聞かれる質問です。多数の登場人物、複雑な時系列、レトリックに心情描写など、小説は実用書に比べて、速読しづらい内容や構成になっています。中でも、行間を読ませるのがくせ者です。速読は字面にないことを把握することを得意としていません。

もちろん、「視読で普通に速く読む」ことで、訓練していない人の2、3倍くらいの速さで読むことは可能です。ですが、実用書を読むような速さで読むことはかなり難しいと思います。

しかし、それはそれでいいのではないでしょうか？

小説は、あくまで内容を楽しむものです。恋愛小説でドキドキしたり、推理小説でハラハラしたり、純文学で文体の美しさを味わったりするものです。そこに、「情報の流入スピードを上げる意味」なんてほとんどないでしょう。小説を1冊1分で読んでも楽しめないですから、小説は楽しんで読みましょう。速読は必要ありません。

Q 詩や俳句も速読（視読）できますか？

A できるが、速読は無意味。作品の「音」を味わうべき。

詩や俳句は「音」を重要視しているので、音を排除して読む視読とは相反しており、相性はかなり悪いです。頭の中に「音」を響かせて、そのリズム感を味わうのが詩や俳句の醍醐味だからです。ですから、詩や俳句、短歌、川柳、こういった文は実際に音声化して読んでください。ハッキリ言って速読は無意味です。

Q 電子書籍は速読できますか？

A できるが、めくり方に工夫が必要。

これも最近よく聞かれる質問です。答えから言うと「イエス」です。文字という情報が書かれているのが紙の上であれ画面の上であれ、情報の流入方法に違いはないので、どちらも速読できます。

ただし、ページのめくり方が違います。紙の本は実際にページに触れてめくりますが、電子書籍は液晶にタッチしたりドラッグしたりしてめくります。やはり、実際に指がページに触れている分、紙の本のほうが速読に向いていることは間違いありません。また、指と脳は連動しているため、本のしわや手触りなどが、本の内容を覚える手助けになることさえあります。電子書籍だとその感覚が掴みにくいです。

ただし、今後何十年単位の長い目で見ると、電子書籍が主流になっていくとは思います。

速読反対派に異議あり！

速読の本を出しているのは、何も速読の講師だけではありません。今、ざっと思いつくだけでも、立花隆さん、佐藤優さん、苫米地英人さん、齋藤孝さん、松岡正剛さん、呉智英さんなどの名前が挙げられます。彼らの共通点は、異常なほどの読書量があるということです。

本文でも触れていますが、読書によって知識が増えれば、読書のスピードは上がります。したがって、この方々は速読を意識せずともどんどん読書スピードが上がり、結果的に速読にたどり着いたのではないでしょうか。

逆に、ここでは名前は挙げないのですが、速読を否定している著名な方もいます。

先日、とある影響力のある方が「速読なんてインチキだ！」という動画を上げていたので観てみました。確かにその人の話を聞くと、筋は通ってはいたのですが、それ以前に、そもそもその人が言っている速読というものが、いわゆる「ステレオタイプなインチキ速読」のことで、速読には多くの流派があることを無視して批判している感じでした。その動画のコメント欄は「速読なんてインチキだ!」「速読をやってるやつはアホ」みたいなコメントで溢れかえっており、悲しい気持ちになりました。

確かに、パラパラめくって「秒速で100万文字、読めました!」みたいな速読は、批判の的になりやすいです。そういうのは私もインチキだと思っています。

しかし、それを本当に「速読」と定義してしまっていいのか、というところに目が向かなかったことが残念でなりません。動画の反響狙いで、あのようにしたのかもしれません。

もし今後、速読への批判を見つけたら、「どんな速読のことを言っているのか」を確認してみてください。案外、極端な速読術をターゲットにしているものです。

速読は、やればできる——このことは忘れないでください。

本を読む時、いきなり本文を読んでいませんか。まずは目次やまえがき、あとがきなどから、本の構造を摑み、内容を推測することが大切です。そのほうが、結果的に速く内容を理解することができるのです。

「構造分析」が本の内容理解を速くする

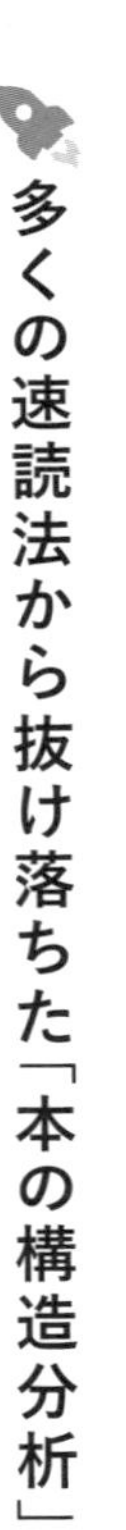

多くの速読法から抜け落ちた「本の構造分析」

では、いよいよ速読の流れについて説明しましょう。大事なことは、**いきなり1ページ目から読むことはしない**ということです。

第1章で日本の速読ブームについて触れました。かつて日本に速読ブームを起こした流派「キム式速読法」や「ジョイント式速読法」は、「いかにして文字を速く読むか？」に特化した速読法でした。しかし、そこから「速読」というものは、「ページを高速でめくる」「猛スピードで眼球を動かす」といったステレオタイプなイメージを世間に植えつけたという一面が否定できません。

確かに、速読の方法として重要なのは「視読」だということは間違いありません。

それはこれまでに力説してきました。

しかし、それによって抜け落ちたもう一つの観点があることを忘れてはいけません。それは、「本の構造分析」です。

詳しくは後述しますが、本にはテーマがあり、筆者の主張があるものです。そして、それは本文を読まずとも、タイトルや帯、カバーや目次などから、何となく伝わってきます。

前章で「読書スピードは前提知識で決まる」とお話ししましたが、**本を読む前に内容に関する情報をきちんと捉えることができれば、本というのは物凄く速く内容を理解することができる**、ということです。いわば、「読書は『構造分析』が9割」というわけです。

ここまでお読みになって、もしかしたら分析などしていては、かえって時間がかかると思われたかもしれません。しかし、何の事前情報もなしにいきなり本文から読み始めたほうが、逆に時間がかかってしまうことがあります。特に難しい本、自分にとってなじみのない本ならなおさらです。

これは、見知らぬ土地を冒険するのに似ています。この時、地図や方位磁針があるのとないのでは、どちらが冒険に有利でしょうか。当然、あったほうがいいでしょう。**本の事前の分析は、読書という冒険の地図と方位磁針の役割を果たす**のです。

ルサンチマン浅川式速読法は、こうした事前の情報分析を重要視していきます。「視読」と「分析」の二本柱こそが、私の速読法の肝なのです。「本を速く読むためには使えるものは何でも使う」というのが、私の速読法のコンセプトです。

ちなみに、「視読」と「分析」、どちらが重要という話ではなく、異なる概念なので対立はしていません。自転車の前輪と後輪のように共存することができ、どちらも必要です。

では、どうやって内容を分析したらいいのでしょう。今回は茂木健一郎氏の『脳をしっかり休ませる方法』（知的生きかた文庫）を使いながら、説明したいと思います。

本のタイトルは「最強の要約」

1冊の本があるとします。その本にとって「一番言いたいこと」は、どこに表れていると思いますか？

それは本の「タイトル」です。表紙にも背表紙にも、場合によっては目次の最初にも、奥付にも登場します。つまり、本のタイトルこそがその本にとっての一番言いたいことであり、最も読者に伝えたい内容のエッセンスです。

言うなれば、本のタイトルというのは、「最強の要約」です。その本の内容を一言で要約するなら、タイトルしかありません。『磯野家の謎』も『チーズはどこへ消えた？』も『さおだけ屋はなぜ潰れないのか？』も『もし高校野球の女子マネージャーがドラッカーの『マネジメント』を読んだら』も『学年ビリのギャルが1年で偏差値を40上げて慶應大学に現役合格した話』も、全て、その本にとって「一番言いたいこと」です。

分析の第一歩はこの「タイトル」の確認から始まるのです。

しかしながら、タイトルは最強の要約ではあるのですが、本文とタイトルでは抽象度が違いすぎます。

そこで、次にカバーや帯の文言に目を通します。『脳をしっかり休ませる方法』であれば、もともと帯のない本なので、カバーだけ見ていきます。

・ジョギングやウォーキングで自分の時間をつくる
・飲み会後の帰り道で1日を振り返る
・湯船に浸かりゆっくりする
・短い仮眠で脳をスッキリさせる

など、脳を休ませる具体的な方法が記されています。

また、ソデには「一流の方々は脳を休ませるのがうまい」といったことが書いてあります。これだけでも内容が少し見えてきたのではないでしょうか。

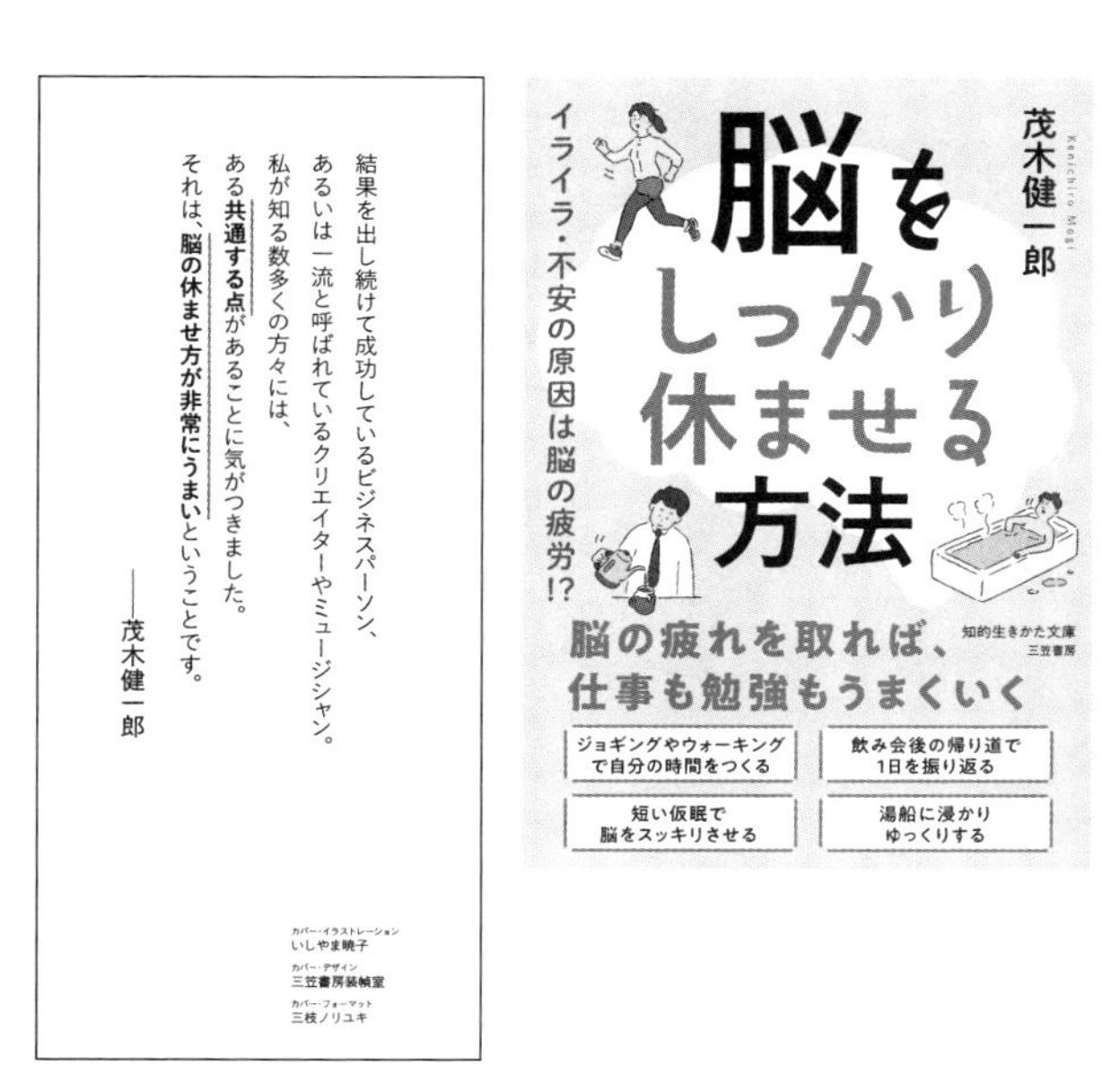

茂木健一郎『脳をしっかり休ませる方法』（知的生きかた文庫）のカバーとソデ。タイトルやキャッチコピーから、本のテーマや概要を押さえる

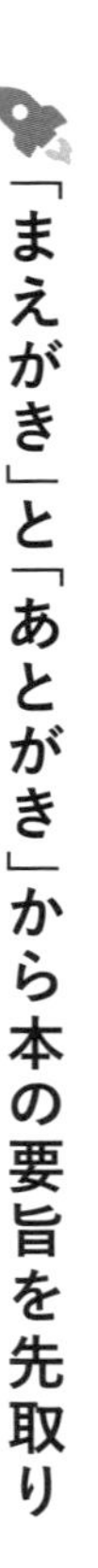

「まえがき」と「あとがき」から本の要旨を先取り

では、いよいよ本を開き、「まえがき（はじめに）」と「あとがき（おわりに）」に目を通します。これは本の情報の入口と出口をはっきりと決める作業です。

つまり、まえがきでは、著者の問題意識や執筆の背景、目的などを押さえます。あとがきでは、本書の結論を先取りしてしまいます。これだけでも本の要旨が見えてきます。

そこまで固めたら、本の情報はかなり得やすくなると思います。ただし、本によっては、これらはない場合もありますから、その時はこの作業は飛ばします。

まえがき（はじめに）を読んで、本書の問題意識や背景を知る

はじめに　仕事も勉強もうまくいかないその原因、脳の疲労に

私はこれまで数多くの著書を出版してきましたが、その多くが「どうを活性化できるのか？」というものでした。

脳を活性化させる方法については、これまで実に多くを解説してき「脳を休ませる方法」についてはあまり触れてこなかったような気がし

そこで、この本を手に取ってくださった

「なんだか疲れが溜まってきたな……」とをとるのでしょうか？

おわりに

最後までお読みいただき、ありがとうございました。

ここまで「脳の休ませ方」について、できるだけ詳しく解説してきた「ただただがむしゃらに働く」

「とにかく努力し続けなければ結果は出ない」

という考え方に一石を投じることができたのではないでしょうか。

特に現代は100年に一度のＡＩ大変革時代といわれ、私たちは人間クリエイティブなことにいかに集中するかが最重要課題になっていますそのため、私たち人間は「ひらめきの力」を引き出すことが必要にな

あとがき（おわりに）から本文の結論を先取りする

目次から本の内容を推測

続いて目を通すのは「目次」です。まずは構成を見ましょう。本によって多少の違いがありますが、部や章、節や項があって、それぞれに見出しがついていると思います。そして内容は、だんだん具体的になっていきます。つまり、**本というのは次の図のようにツリー構造になっている**わけです。

このため、**目次は大枠から見ていくのがコツ**です。もう少し詳しく言うと、第1章の章タイトルを見たら、その中の見出しを見るのではなく、第2章の章タイトルを見るのです。こうすることで、本の中での各章の位置づけや役割がわかります。例えば、この章は「問題提起をしている」「解決策を提示している」といったことです。

そして、全ての章を見終わったら、第1章に戻って見出しを見ていきます。見出しは章のより具体的な内容ですから、章タイトルに目を通している分、いきなり見

本の構造のイメージ

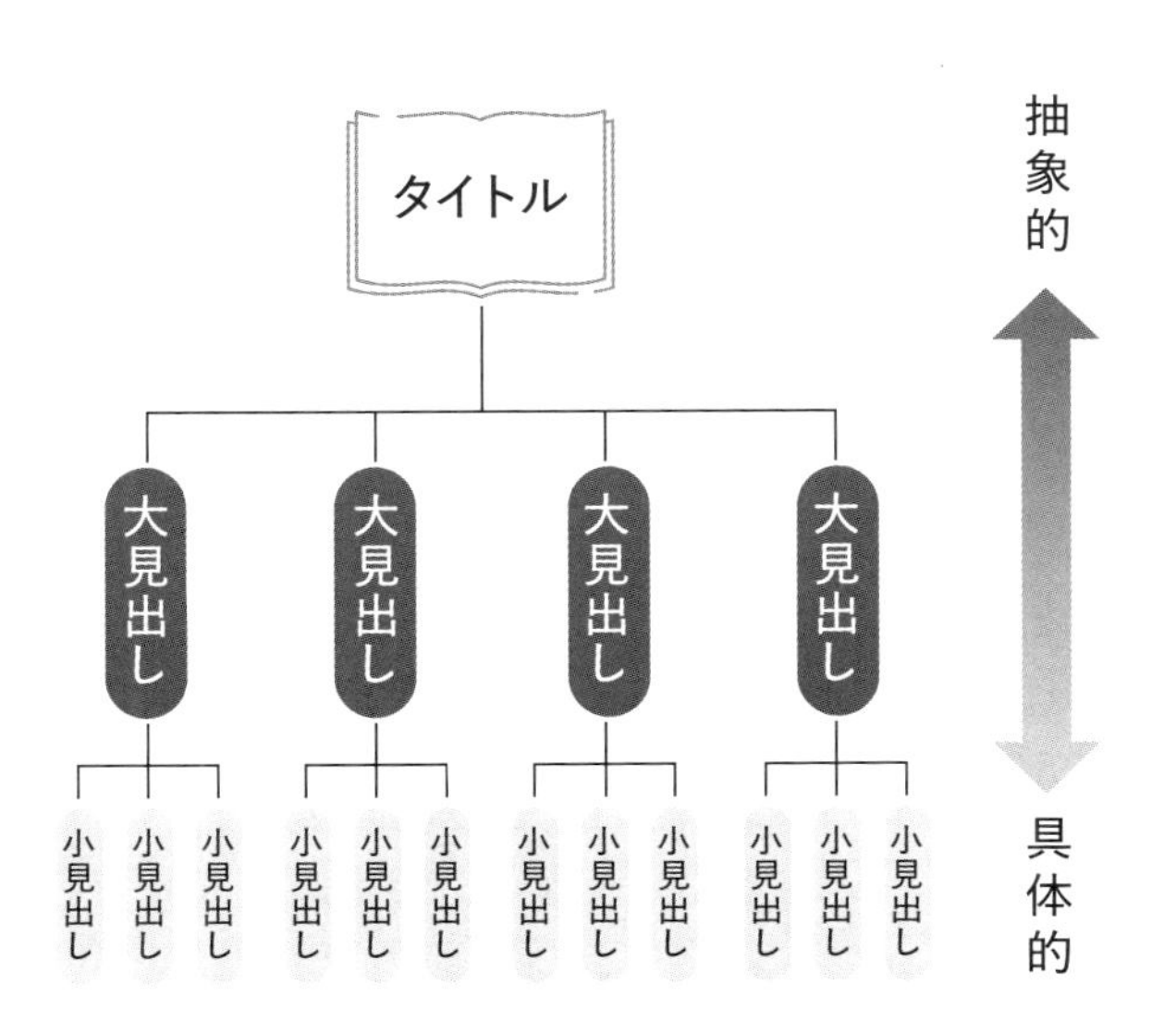

本はツリー構造になっており、下のほうがより具体的な内容を示す。このことを意識しながら、目次を見ていく

るよりも情報が得やすくなっているはずです。こうして構造からも内容理解を深めていきます。

このことを踏まえて、茂木氏の本の目次を見てみましょう。今回は4章構成で、各章の下に見出しがあります。

目次全体を見たら、章タイトルや見出しから「こんな感じかなあ」と内容を推測してみます。帯やカバー、まえがきやあとがきからの情報を踏まえても、もちろん構いません。例えば、次のような感じで推測します。

疲れが取れなかったり、仕事や勉強でうまくいかなかったりするのは、もしかしたら実は脳の疲れが原因なのかもしれない。一流と呼ばれる人々は、上手に脳を休ませているからこそ、高いパフォーマンスを発揮できている。私たちも、一人旅やおひとりさまごはんといった、脳を休ませる習慣を身につけたほうがいい。

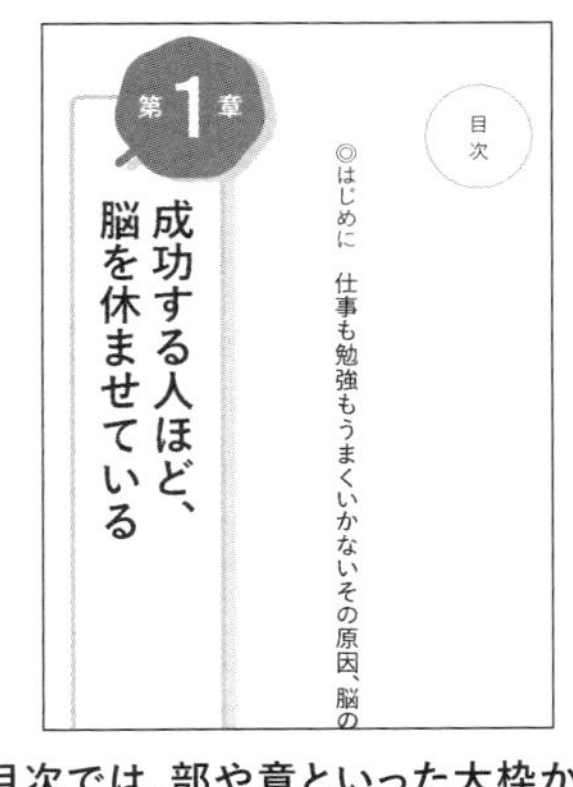

目次では、部や章といった大枠から
本の構成を掴み、内容を推測する

唯一の正解はありませんので、人によって異なっていても構いません。また、わざわざ紙に書く必要はありません。頭の中で思い浮かべれば大丈夫です。

大事なことは、**これはあくまで「推測」であるということ**です。つまり、実際に本にそう書いてあるかどうかは気にしなくていいのです。

むしろ違っていたほうが記憶に残りやすいと思います。脳の性質というのは「間違った時」に刺激が入り、訂正時に正しい記憶の定着や正確な内容理解ができるそうです。テストでも間違った問題のほうが覚えている、といったことは誰しも経験しているのではないでしょうか。

意図的に「情報に飢えた状態」をつくり出す

中には、目次を見て疑問が浮かんできた方もいると思います。例えば、

・浦沢直樹さんの脳の休ませ方は何だろう？
・ボーッとしていたほうが、ひらめきにはいいの？
・「脳内マッサージ」ってどうやってやるの？

といったことです。こうなったら儲けものです。脳にスイッチが入り、「情報が欲しい」状態になったということです。このような状態で本を読めば、あなた自身と本の間で「磁力」が働き、まるで必要な情報が吸い寄せられるように目に飛び込んでくるのです。

これは「情報飢餓状態」と呼ばれています。どうやら人間の脳は、「完全であること」を望む性質を持っているそうです。つまり、答えを知りたいのです。

目次でわからないところは、疑問として持っておく

例えば、こんな経験はないでしょうか。あるクイズ番組で、「マッチ棒を1本動かして、正しい式にしなさい」という問題が出された。でも、いくら考えてもわからない。早く答えが知りたい。このモヤモヤした状態が情報飢餓状態です。

本の分析は、意図的に情報飢餓状態をつくり出すために行うと言ってもいいでしょう。

読む時に飛ばし読みはしない

これで分析は終わりです。分析にかける時間に決まりはありませんので、ご自身で決めてくださって大丈夫です。

この後、本文の「視読」に入ります。流派によっては、見出しだけ先に目を通すといったやり方もありますが、ロケット速読では1行目の1文字目から順に目を通していきます。**飛ばし読みはしません。**

また、途中でわからないところや気になるところがあったら、**「戻り読み」をしても構いません。**何度も言うようですが、「読書は1回で終わらせる」という固定概念は捨ててください。何度読んだって構わないのです。結果的に、何度も目を通すことで、これまで以上に速く本の理解ができていることが実感できると思います。

速読の流れ

1	タイトルを見る	本のテーマを押さえる
2	カバーや帯を見る	キャッチコピーから本書の要点を摑む
3	まえがき・あとがきを読む	問題意識や結論を押さえる
4	目次を見る	構造を意識して、大枠から内容を摑む
5	推測する	これまでの情報から本文の内容を予測する。疑問を持つ
6	読む	見る感覚でページをめくる。飛ばし読みはしない。戻り読みしてもよい

速読のおかげで入試の現代文で満点

私は入試科目の国語が得意です。特に現代文が大得意で、記述式の問題なら多少間違えることもありますが、選択問題ならまず間違えません。文中から該当箇所を探す、いわゆる「書き抜き問題」も、かなり正確に速く解くことができます。

なぜこんなことが可能なのか。それは単純に、速読ができるから問題文と設問を読むスピードが速く、その分解答に時間を割けるため、正答率が高いのです。

これは自慢なのですが、私は自分が受験した年の早稲田大学社会科学部の国語で満点を取りました。オールマークシートだから満点は可能なのです。しかも30分近く時間を余らせました。

また、芸人になってからAbemaTVの『ドラゴン堀江』という東大受験番組のオーディションでセンター試験を解いたのですが、その時38歳で、大学受験から20

年のブランクがあったにもかかわらず、スタッフによると現代文だけは満点でトップだったそうです（5教科トータルで負けたのでオーディションは落ちてしまいましたが）。

入試現代文に速読が極めて有効なのは、全て問題文の中に答えが書いてあるからです。要は、それを時間内に探せるかどうかが問われているのです。まさに「視読」ができることがとてつもなく有利に働くのです。

試験で「時間が足りなかった」と言う人がよくいますが、問題文を「読む」というよりは、「見る」そして「探す」に近い感じに捉えてみてはどうでしょうか。

確かに細かい論理構造を問う問題もありますが、速読でまず全体を捉えてから細部に入ることがポイントです。最初から細部だけを見ていると、該当箇所になかなかたどり着きません。

「速読をすると思考しなくなる」と批判されることもありますが、それは違います。速読をするからこそ、時間が浮いて思考に時間を回せるのです。

これを読んでいる受験生のみなさん、速読で現代文を得点源にしましょう！

本は自分のために読むだけではありません。内容を誰かに伝えるために、読むこともあります。本章では、前章の内容を復習するとともに、アウトプットのために速読する際に気をつけるべきポイントを考えていきます。

アウトプットを前提に速読する

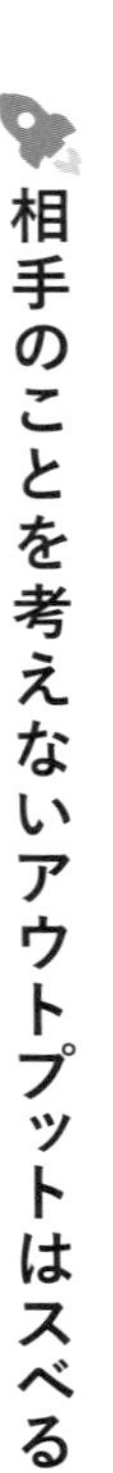

相手のことを考えないアウトプットはスベる

本は自分のためだけに読むこともありますが、誰かに内容を伝えることを前提に読むこともあります。例えば、会社の上司から「週明けまでに、この本を読んでレポートにまとめてくれ」とか「これに目を通して、感想を聞かせてくれ」といった場合です。

このような時、**最初に確認しなければいけないのが、アウトプットの「目的」「対象者」「手段」です。**

上司から教育のために言われたのか、何らかのリサーチ用に言われたのかで、伝えるべき内容は変わってきます。上司からの指示だとしても、伝える相手が後輩や取引先などであれば、相手によって伝え方を変えないといけないこともあります。

さらに、アウトプットの形式が立ち話でいいのか、プレゼンするのか、レポートなのかでも準備の中身が変わってきます。

お笑いの世界でも、ライブに出演することになれば、どんな客層かを考えるなり、主催者に聞くなりしてからネタを選びます。高齢者の観客が多そうなら、アニメやゲームのネタは避けます。披露してもスベるだけです。代わりに、歴史ネタや時事ネタなど、別の選択肢を考えます。また、高齢者の観客が多い場合は、なるべく早口で話さないことも大事なポイントです。

さて、それを踏まえた上で今回は、自分に知識がほとんどないテーマの未読本を上司に「勉強になるから」と読むように言われ、後日、部署の勉強会でみんなに簡単な感想を発表するという想定で話を進めたいと思います。

使用する本は大嶋祥誉氏の『マッキンゼーで叩き込まれた超速フレームワーク』（三笠書房）です。本書はマッキンゼー出身の大嶋氏が、コンサルがよく使う分析ツールなどを紹介しています。内容の濃さを感じると同時に、コンサルタントでも何でもない私にとっては、なじみの薄い本でもあります。みなさんの仕事でも、これまで縁のなかったテーマの本を読むことがあると思います。しかし、前章の「構造分析」を活用すれば、アウトプットできないことはありません。

それでは、始めましょう。

わからない本こそ分析をていねいに

まずはタイトル、そしてカバーや帯の文言をチェックします。

タイトルは先ほど紹介した通り、『マッキンゼーで叩き込まれた超速フレームワーク』ですが、本書には「仕事のスピードと質を上げる最強ツール」というサブタイトルがついています。

キーワードは「マッキンゼー」と「超速フレームワーク」でしょう。マッキンゼーは外資系企業だという程度の認識で、詳しくは知りません。「フレームワーク」も聞いたことはありますが、具体的に何を指すかよくわかりません。

これが私の前提知識のレベルですが、タイトルから、本書は「マッキンゼーの人がよく用いる仕事のスピードと質を上げる最強ツールを説明しているのだろう」と

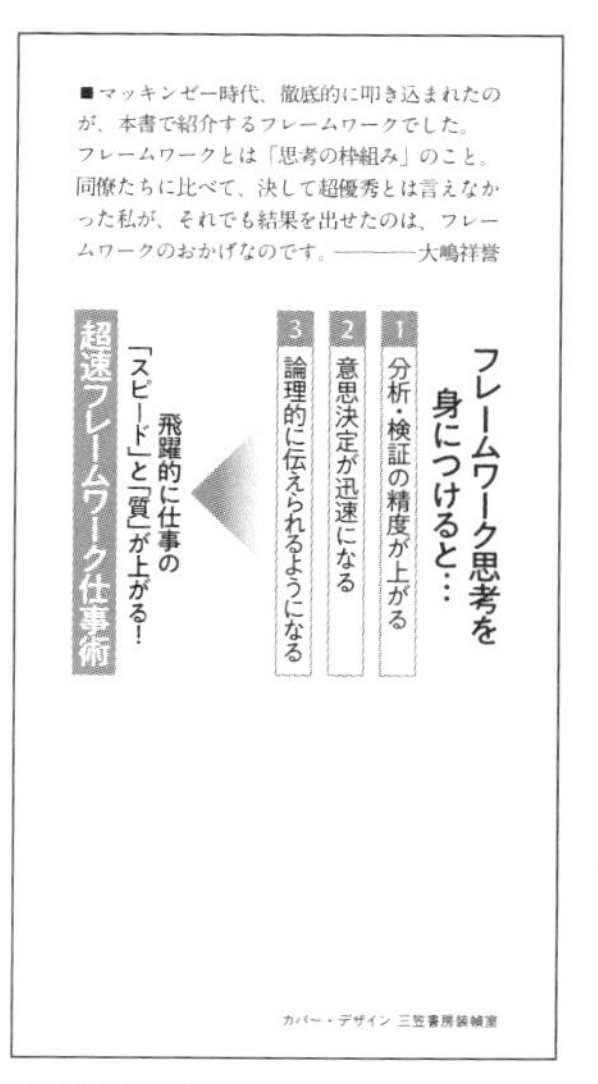

大嶋祥誉『マッキンゼーで叩き込まれた超速フレームワーク』(三笠書房)のカバーと帯とソデ。これらからテーマや概要を押さえる

推測できます。

カバーのソデを見てみると、フレームワークは「思考の枠組み」であるという定義が示され、次のような効果が書いてありました。

・分析・検証の精度が上がる
・意思決定が迅速になる
・論理的に伝えられるようになる

フレームワークを身につけるとどうなるか、ということですね。ここで書かれていることは、すべてこの本のエッセンスなのでチェックしておきますが、まだまだ抽象的だと思います。こういった場合は、**「本文ではどう詳しく書いてあるのだろう」と疑問を持ちながら進めていきます。**

次は、「まえがき」と「あとがき」です。この本にはまえがきがありませんが、1ページ目にこんな一文が書かれていたのが目に留まりました。

あとがき

マッキンゼーの新人時代、ある業界動向をまとめるように上司に言われた
りました。何をどうまとめればいいかまったくわからなかった私は、市場規
合の売上高推移など、思いつく限りの情報を分厚い資料にまとめて提出した
しかし、資料を一瞥（いちべつ）した上司に、「情報に漏れはない？」「結局君は、何を
の？」「もし君が、この会社の役員なら、この資料から何をすべきかわかる
と矢継ぎ早に問われ、頭の中が真っ白になりました。

人間は道具を使う動物である。
道具がなければ無であり、道具があるとすべてである。

Man is a tool-using animal. Without tools he is nothing, with tools he is all.

トーマス・カーライル（英国の思想家・歴史家、1795～1881）

まえがきがないので、あとがきのみを先に見る。名言の引用ページにも目を通しておく

人間は道具を使う動物である。
道具がなければ無であり、道具があるとすべてである。

これはトーマス・カーライルというイギリスの歴史家の言葉の引用だそうです。ここからフレームワークという道具を使うことの有用性を伝えたいのだなということがわかります。そして、まえがきを書かず、わざわざ目次の前にこの言葉を載せたということは、かなりの強い思いを込めたメッセージだということです。
あとがきでは、著者の体験を通じてフレームワークがいかに仕事において有用であるかが力説されています。これまで得た情報と内容にズレがないことが確認できました。

メモをとってアウトプットに備える

続いて「目次」です。前章で説明した**「ツリー構造」を意識し、大枠から見てい**

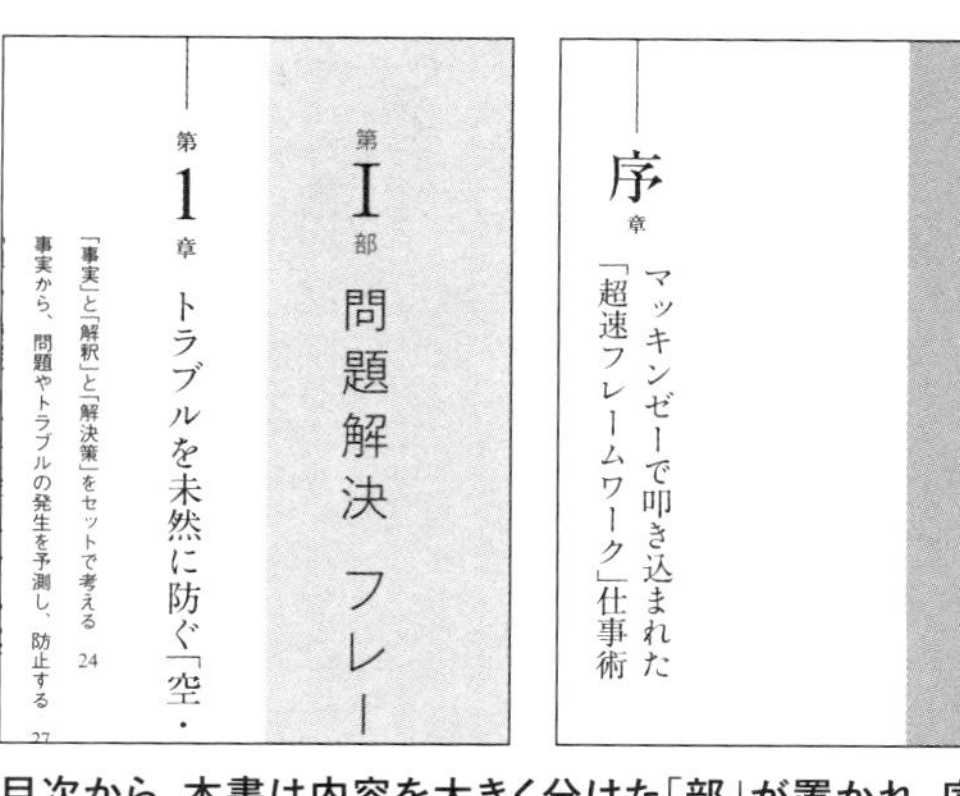

もくじ

序章
マッキンゼーで叩き込まれた
「超速フレームワーク」仕事術

第I部 問題解決フレー

第1章 トラブルを未然に防ぐ「空・

「事実」と「解釈」と「解決策」をセットで考える 24

事実から、問題やトラブルの発生を予測し、防止する 27

目次から、本書は内容を大きく分けた「部」が置かれ、序章以外の章は、部の中に入っていることがわかる

くのがポイントでした。

本書は、「問題解決」「マーケティング」「目標達成」の大きく3部の構成です。そして、各部には各3章ずつ含まれ、関係するツールが紹介されていることがわかります。例えば、第1章から第3章は問題解決のツールといった具合です。そして各章の下には見出しがありますので、ここから情報を抽出する作業に入ります。

もう少し詳しく見ると、第1部は「問題解決フレームワーク」。第1章では「空・雨・傘」の例えで「事実、解釈、解決策」の話や、問題が起こった時にいかにして解決していくか、仮説を立てることの重要性や現場でのヒアリング方法が語られていると予見できます。

第2章では、因果関係と相関関係の違いや、「なぜ?」を深掘りしていくことで問題を本質化していく方法、イシュー(最も重要な問題)に辿り着くことや、問いを掘り下げ続けることの重要性について語られているはずです。

第3章では、実際に「ロジックツリー」というツールを用い、問題解決していく手法がこと細かく記されています。

以降の分析は長くなるので割愛しますが、第2部、第3部も同様に見ていくと、「3C分析」や「5Force分析」など、具体的な手法を紹介しているのがわかります。

もちろん、それぞれの内容に関しては本の中身を読まないとわかりませんし、私にとってはなじみのない言葉だらけですが、これらの単語の意味を**「予見」「予測」「推測」することによって、情報の「磁力」をつける**ことを怠らないようにします。

わからない言葉は「何だろう」と疑問を持つ。これによって情報飢餓状態をつくり出すのです。こうすることで、本文を読んだ時の理解度が格段に変わってきます。

読むだけで終わりならば、ここまでは頭の中で行っても構いません。ただ今回は、人に説明するというアウトプットを前提にしていますから、**キーワードやこの段階で疑問に思ったことなどをメモしておくとよい**でしょう。そうすると、あとでスピーチ原稿やレポートをまとめる際に役立ちます。

1ページに1秒かけずに何度も読む

目次の分析によって「情報磁力」をつけ、予見機能によって情報飢餓状態にしてから、ようやく、本文を読んでいく過程に入ります。もちろん、読み方は「視読」です。

1ページあたり1秒かけないくらいのスピードでページをめくり、一度ではなく何度も何度も読んでいきます。

それこそペンキ塗りの要領で、取りこぼした分があったとしても先に進んでは、また戻って読み重ねる、といった感じでしょうか。こうして、どんどん情報を頭に取り込んでいきます。

この時、目次から本文の情報を既に取り込んでいるため、本文のどのあたりが見出しに対応しているのかも、「一瞬」で判別できるはずです。本文の情報が、目次という名の枠組みに収斂（しゅうれん）されていくのを体感してみてください。

わからない言葉は定義を押さえる

私が実際に前提知識なしの状態から、この本を速読して気になった部分や頭に残った部分の一例を箇条書きでご紹介します。

・フレームワーク思考の基本はＭＥＣＥ（漏れなくダブりなく）
・３Ｃ分析の３Ｃとは「市場、競合、自社」

・SWOT分析のSWOTとは「強み、弱み、機会、脅威」
・PEST分析のPESTとは「政治、経済、社会、技術」
・5Force分析の5つの競争要因とは「新規参入者の脅威」「売り手の交渉力」「買い手の交渉力」「代替商品、サービスの脅威」「既存企業との競争」
・PREP法とは「結論、理由、例、もう一度結論」

これらは目次では明らかにされなかった内容が多く、本文を読んで初めて理解することができました。特に私の場合は、用語すら知らなかったため、目次の段階で定義自体を知りたいと思いました。箇条書きで定義が多くなったのはそのためです。前提知識がある方なら、他の箇所が頭に残ったのではないでしょうか。

専門用語がたくさん出てきて一見難しいことが書いてありそうだと思っても、**「用語の定義」さえきっちり押さえておけば、詰まることなく読み切れるはずです。**

では、これらを踏まえて、簡単に発表することを想定して感想をまとめようと思います。と言っても、用語の説明を羅列しても相手にとって退屈なだけなので、情報は取捨選択します。その基準は「自分の興味・関心」でいいでしょう。今回は感想を述べるのが目的ですから、「気になったところ」や「役立ちそうなツール」を挙げて、「今後どう生かすか」をまとめたら目的は達成できると思います。

当然のことながら、相手が取引先やお客様なら、情報を取捨選択する基準は「相手が興味を持ちそうなこと」に変わります。繰り返しになりますが、先にアウトプットの対象は確認しておくことが大切です。

さて、これらを踏まえて、次のように発表原稿をまとめてみました。

みなさんはこんな言葉を知っていますか。

「人間は道具を使う動物である。道具がなければ無であり、道具があるとすべてである」

これはイギリスの歴史家、トーマス・カーライルという人の言葉です。つまり、人間は道具を使いこなしてこそ、その能力を発揮できるのです。

この本は、この言葉にぴったりの道具を紹介してくれます。それが「フレームワーク」です。フレームワークというのは「枠」のことです。漠然とした問題でも、枠に当てはめることで課題が見えやすくなり、解決の迅速化が図れるのです。

本書には、いくつものフレームワークが紹介されていますが、特に私が印象に残ったのが、「PREP法」というものです。これは結論から先に伝えるフレームワークで、その名は「Point（結論）」「Reason（理由）」「Example（例）」「Point（結論）」の頭文字から来ています。よく仕事においては「結論から話せ」と言われますが、どうしてもあれこれ話してしまいます。私もそうです。しかし、今後はPREP法を使えば、時間がなさそうな相手にも、効率よく効果的に自分の意見を伝えられると思いました。

著者はマッキンゼー時代にこうしたフレームワークを活用し、実際に仕事の質やスピードを上げてきたそうで、本書には説得力を感じます。みなさんもぜひ読んでみてください。

ありがとうございました。

このように感想を述べることができれば、聞いた人からも「ちゃんとこの本の内容を理解しているな」と思われるのではないでしょうか？

以上、速読と構造分析を使ったアウトプット法でした。みなさんも、他の本でいろいろ試してみてください。本の内容を人に説明するのが楽しくなるとともに、みなさんの記憶にも内容がしっかり残っているはずです。

速読を英単語の暗記に生かす

速読を語学学習に活用しようとする人はたくさんいます。第4章末のQ&Aに書いたように、洋書を速読するには、視読ではなく別のテクニックが必要になりますが、英単語を覚えることなら、速読は大いに役立ちます。なぜなら、何回も繰り返し読むことで、記憶が定着しやすくなるからです。

まず、単語集を用意します。英単語と発音記号、日本語の意味が書かれた単語集であれば、何でもよいと思います。中身よりむしろ大事なことは「ページのめくりやすさ」です。つまり、手や指の感触が自分に合っているかどうかです。

ちなみに、Z会から『速読英単語』という単語集が出ていますが、今ここで私が言っている「速読」とは意味が違うので、ここで使うのには向いていません（この単語集自体は素晴らしいです。このやり方では使えないと言っているだけです。念のため）。

速読を使った方法では「1日10個ずつ」みたいな覚え方はしません。ただ覚えようという意識を持ったまま力を抜き、全部のページをめくります。本に書いてある全部の単語に目を通すのです。覚えていない単語があっても、次のページに進むのです。もちろん、1回やっただけで覚えられるなんて人はいません（いたとしたらその方は天才です）。

あとは、速読で何回もめくっては見てを繰り返します。そうしてペンキ塗りのように、「日本語の意味がわかる単語」を、少しずつでいいので増やしていきます。単語集は丈夫にできているので何千回、何万回めくっても大丈夫です。

途中、単語を思い出したり、赤シートを使って「小テスト」をすると効果的です。覚えていない単語がわかりますし、間違っても、そのほうが記憶に残りやすいのは前に述べた通りです。

そして最終段階として、視読で覚えた英単語の発音を確認し、引き出せるようにします。この確認は音読で行います。この段階を抜かすと発音ができなくなるので、注意してください。

こうすると、その単語集自体を「モノにする」ことができます。もちろん、1日で全部の単語を覚えるという話ではありません。覚えられる日まで、何日でも一連の作業を繰り返すのです。

英単語は文字列と意味に規則性があり、覚えれば覚えるほど、新しい単語が覚えやすくなっていきます。

なお、ここでは英単語の話をしましたが、古文単語でも歴史用語でも暗記ものであれば要領は同じです。ひたすら見てはめくって覚えましょう。

付録1 能力を上げる必読書20

付録1では、私がこれまで速読してきた中で、特に有益だと思われる20冊をご紹介します。ジャンルは速読に限りません。中には古本でしか手に入らないものもありますが、見つけたら、ぜひ速読してみてください。

1 『キャリアアップの勉強法』

〔著〕栗山実（河出書房新社）

目次を利用した情報の取り入れ方について詳しく書かれた本。この本の方法を学ぶことで、本を読む時の効率的な情報の取り入れ方がわかる。この本のスタンスは1冊の本を目の前にした時の心構えとして確実に取り入れておきたい。

2 『サマる技術』

〔著〕船登惟希（星海社新書）

こちらも本の情報の取り入れ方について書かれた本。速読とは違った観点から1冊の本の中にある情報をいかに効率よく頭に入れるかについてわかりやすく解説している。ワーキングメモリを使用した方法で、『キャリアアップの勉強法』とは少しアプローチ法が違うが、こちらも素晴らしい内容。

3

『具体⇅抽象トレーニング』

〔著〕細谷功　（PHPビジネス新書）

情報を具体化したり抽象化したりする方法を学ぶのに最強の1冊。理論もわかりやすく解説されており、演習問題もある。『キャリアアップの勉強法』『サマる技術』と組み合わせて使うと恐ろしいほどに情報処理能力が上がるはず。右記の2冊より手に入れやすいので、絶対に手にしてほしい1冊。

4

『理解する技術』

〔著〕藤沢晃治　（PHP新書）

「情報をいかにして効率よく捉えるか？」についてよくまとめられた本。地味で淡々としている感じではあるが内容はとても濃く、エッセンスは十分に記されている。特殊な方法が記されているわけではないが、基本は確実に押さえられている。情報処理系の『キャリアアップの勉強法』『サマる技術』の次は、この本をおすすめしたい。

5 『賢さをつくる』

〔著〕谷川祐基（CCCメディアハウス）

「具体化」「抽象化」について詳しく書かれた本であるが、この本の独自性は「具体⇅抽象」の階層構造の図を上下ではなく左右に表現したところにある。頭のよい人ほど抽象化や具体化のスピードが速く回数も多い。細谷功氏の『具体⇅抽象トレーニング』と組み合わせれば、頭の回転が超速化するだろう。

6

『思考力を育む「知識操作」の心理学』

〔著〕工藤与志文、進藤聡彦、麻柄啓一　（新曜社）

学んだ知識をいかに活用するかについて書かれた本。ただただ知識を詰め込むだけでなく、知識を操作して別の知識に利用する方法について、代入操作、変数操作、関係操作、象徴操作など、知識の活用方法のパターンが何種類かに分けて紹介されている。知識は使わなければ意味がない。

7

『学習力トレーニング』

〔著〕海保博之　（岩波ジュニア新書）

中学生向けの本ではあるが、認知心理学の知見をベースに「集中力」「記憶力」「問題解決力」「自己洞察力」「時間管理力」「文章表現力」「会話力」など、能力を上げる方法がわかりやすく記されている。中学生でも理解できるように書かれているため、初心者にもわかりやすい。特に「記憶力」の章の解説が圧巻。

8
『ユダヤ人に学ぶ速学術』
〔著〕濱野成秋　（グラフ社）

使える知識である「活性知識」の生かし方や、スキマ時間の活用術、英語の勉強法、論文の書き方など、ユダヤ人エリートたちの独学術を紹介した本。中でも「思い出しの技法」がとても有益。方法が体系的に紹介されていないのが残念だが、読み込めば得られる情報量はかなり多い。

9

『「1日10分」でスピード脳に生まれ変わる』

〔著〕苫米地英人　（イースト・プレス）

著書が200冊を超え、速読の本も出している苫米地英人氏だが、速読にとって一番有益なのはこの本だと思う。「10分を1時間と考える」「会話をする時相手の言葉に6個の反論を考える」「目の前の情景を一瞬でスケッチする」など、独自のトレーニング法が紹介されている。速読についての言及部分もあり、参考にすべきところは多い。

10

『頭がよくなる本』

〔著〕トニー・ブザン　（東京図書）

能力開発の定番の本ではあるが、本当に素晴らしい本。マインドマップや記憶術、イメージ術、そして速読についても紹介されている。第四版まで出て新しくなるごとにデザインが洗練されている。ちなみに余談だが、私は漫才コンビの「錦鯉」さんにこの本を紹介したことがある。錦鯉の漫才ネタのツカミの一つに出てくる『頭がよくなる本』とは、本書のこと。

11

『世界の権威が実証！頭には、この刺激がズバリ効く！』

〔著〕Dr.ウィン・ウェンガー　（三笠書房）

脳力をアップさせるために具体的にどうすればいいのかが書かれた本。ハードウェアとしての脳の働きをよくするのには、この1冊でほとんど網羅しているのではないかというくらいの情報量。類書の中でも頭一つ抜けている。さすがウィン・ウェンガー博士といった感じ。本書を何度も読み込んでトレーニングすれば、能力が開花するだろう。

12 『眼力を鍛える！』

〔編〕「月刊秘伝」編集部（ＢＡＢジャパン）

目の働きを鍛えるためのトレーニング法を、医者、武道家、剣術家、スポーツトレーナー、マジシャン、彫刻家などさまざまな達人たちがさまざまな見地から語っている。速読界からは栗田昌裕博士も寄稿しており、目の鍛え方について語っている。目を鍛えることで速読力は確実に上がる！

13 『カタカムナ音読法』

〔著〕松永暢史　（ワニ・プラス）

日本語普及以前、古代日本にあったと言われている言語「カタカムナ」。これを音読することによって、子供の言語能力や読解力が恐ろしいほど上がったという事例をもとに解説。カタカムナ↓古事記↓万葉集↓古今和歌集と、日本語成立順に音読を進めていくとよいのだとか。音読をする上での参考として活用させていただいた。

14

『灘校・伝説の国語授業』

〔著〕橋本武（宝島社）

日本一の進学校である灘校で50年間国語の教師をしていた著者の、スローリーディングの本。その教授法とは、中勘助の『銀の匙』という小説を、中学3年間かけて読み込むというものだった。まさに速読とは対極にある考え方だが、この本の考え方を取り入れることで逆説的にも速読について改めて考えさせられるきっかけとなった。

15

『知的複眼思考法』

〔著〕苅谷剛彦（講談社）

「批判的読書」という速読とは対極的な読み方の本だが、「複眼思考」という読書の力を上げるための考え方が詳しく解説されている素晴らしい本。「著者と対等な立場で批判的に本を読む」ことで思考力や論理力も上がり、一段階上の視点から本を読むことができるようになる。

16

『論理的思考力が飛躍的に高まる大人の「読む力」』

〔著〕対崎正宏　（日本実業出版社）

接続詞の使い方や、「て、に、を、は」の使い方、文章の論理構造の流れの見方など、読みの「細部」に徹底してこだわった本。「全体」から読む速読とは全く逆からのアプローチ法だがそれがまたよく、速読力の向上に大きく効果を発揮するだろう。助詞の一文字に徹底してこだわることも大事だということがわかる。

17 『たった10分間で100単語覚える方法』

〔著〕青生享水 （データハウス）

開成高校首席卒業の著者が書いた連想を利用した記憶術の本。連想ゲームの要領で知識の定着を図る方法が提示されている。記憶術の本を謳っているが、記憶というよりは、知識の整理や体系的なアウトプットに威力を発揮し、速読後の「書き出し」と相性がよい。この方法を使えば速読した後のアウトプットに抜群の効果があるだろう。

18 『知的で美しい英語3ヶ月間速習秘伝』

〔著〕北川達夫 （学研）

英語の勉強法の本だが、この本が素晴らしいのは「科挙式メソッド」というテキスト完全記憶の方法論が紹介されているところ。「眉間を開く」「文字列を吸い込む」「文字列を引き出す」「文字列を丹田に落とす」など、まさに速読で使える方法である。もし手に入るなら絶対に手にしてほしい1冊。

19 『なんでも図解』

〔著〕日高由美子（ダイヤモンド社）

図解術の本は相当読み込んだが、わかりやすさ、習得のしやすさなどを考えると、この本が一番自分には合っていた。この本の図解術だと文章も全て図解で表せるため、速読後のアウトプットと相性がとてもよい。ぜひ手に入れてマスターしてほしい1冊。

20

『1秒で答えをつくる力』

〔著〕本多正識（ダイヤモンド社）

お笑い芸人の養成所である吉本興業NSC講師で、駆け出し時の有名芸人にも教えた著者。なぜ売れている芸人は頭の回転が速いのか？　その秘密が解き明かされている。速読で得た知識をプレゼンでアウトプットしなければならない時に使える知識が満載。分量も多く網羅性があり、トレーニング法もしっかりと紹介されている骨太な本。とても素晴らしい。

326『自分の頭で考える読書』 荒木博行　2022年
327『賢者たちの記憶法＆速読法』 池田廉　2022年
328『1%読書術』 マグ　2022年
329『失敗しない読書術』 名もなき読書家　2023年
330『超速読アウトプット術』 カーボ　2023年
331『「2023年版」速読の科学』 寺田昌嗣　2023年
332『ひと目でわかる！見るだけ読書』
浅田すぐる　2024年
333『読書を自分の武器にする技術』
尾藤克之　2024年

木山泰嗣　2020年
310『速読日本一が教える速読の教科書』
角田和将　2020年
311『理系読書』　犬塚壮志　2020年
312『瞬読ドリル』　山中恵美子　2020年
313『教養を極める読書術』　麻生川静男　2020年
314『速読力養成パズル』　橘遵　北村良子　2020年
315『究極の読書法』　鴨頭嘉人　2020年
316『東大理Ⅲスピード読書術』
佐々木京聖　2020年
317『読書革命』　金川顕教　2020年
318『すごい読書法』　山本直人　2020年
319『一度読むだけで忘れない読書術』
池田義博　2021年
320『たった1分見るだけで頭がよくなる瞬読式勉強法』　山中恵美子　2021年
321『武器になる読書術』　宇都出雅巳　2021年
322『「読む」だけで終わりにしない読書術』
本要約チャンネル　2021年
323『マインドフルネス速読』　黒石浩子　2021年
324『めんどうなことなしで速読できる方法を教えてください』　角田和将　2021年
325『速読のすごいコツ』　松田真澄　2021年

296『読書の価値』 森博嗣 2018年
297『見る読書』 榊原英資 2018年
298『読んでも読んでも忘れてしまう人のための読書術』 印南敦史 2018年
299『フォーカス・リーディング習得ハンドブック』 寺田昌嗣 2019年
300『京大読書術』 粂原圭太郎 2019年
301『「速読脳トレ」で成功する勉強法』 呉真由美 2019年
302『超速読力』 齋藤孝 2019年
303『速読トレーニングで磨くスポーツの判断力』 石井真 2019年
304『死ぬほど読めて忘れない高速読書』 上岡正明 2019年
305『「プチ速読」で読書スピードが2倍になる』 池江俊博 2019年
306『知識を操る超読書術』 メンタリストDaiGo 2019年
307『人生を変える速読法「GSR」』 ジェネラティブスピードリーディング協会 2019年
308『積読こそが完全な読書術である』 永田希 2020年
309『「記憶力」と「思考力」を高める読書の技術』

278『5倍で読める！速読最新トレーニング』
継本まどか　2016年
279『年収を上げる読書術』　大岩俊之　2016年
280『7日間で成果に変わるアウトプット読書術』
小川仁志　2016年
281『「孤独」の読書術』　里中李生　2016年
282『起死回生の読書』　澤野雅樹　2016年
283『アクション リーディング』　赤羽雄二　2016年
284『速読思考』　角田和将　2016年
285『物忘れ＆認知症予防　速読脳トレ』
呉真由美　2017年
286『身につく速読、身につかない速読』
渡辺篤志　2017年
287『大学生のための速読法』　松崎久純　2017年
288『才能が目覚めるフォトリーディング速読術』
山口佐貴子　2017年
289『即効読書術』　坪井賢一　2017年
290『都合のいい読書術』　神田昌典　2017年
291『良質読書』　名越康文　2018年
292『日本一の速読教室』　石井真　2018年
293『瞬読』　山中恵美子　2018年
294『東大読書』　西岡壱誠　2018年
295『流されない読書』　岩田温　2018年

262『速読×記憶術トレーニング』
川村明宏　川村真矢　2015年
263『本を読む人だけが手にするもの』
藤原和博　2015年
264『本を読むということ』　永江朗　2015年
265『1分間読書法』　石井貴士　2015年
266『読書の方法』　久木田裕常　2015年
267『脳トレ速読』　川村明宏　2015年
268『速読み解答トレーニング』
岩波邦明　押田あゆみ　2015年
269『考える力をつける読書術』　轡田隆史　2015年
270『本をサクサク読む技術』　齋藤孝　2015年
271『1日が27時間になる！速読ドリル』
角田和将　2015年
272『戦略読書』　三谷浩治　2015年
273『ブレない自分をつくる「古典」読書術』
小倉広　人間塾　2016年
274『僕らが毎日やっている最強の読み方』
池上彰　佐藤優　2016年
275『頭の回転が3倍速くなる！速読トレーニング』
角田和将　2016年
276『読書は格闘技』　瀧本哲史　2016年
277『知的読書の技術』　渡部昇一　2016年

斉藤英治　2013年

247『超一流の人がやっているフォトリーディング速読勉強法』　山口佐貴子　2013年

248『1ページ9秒12倍速く本が読める』　渡部英夫　2013年

249『アウトプット速読法』　小田全宏　2013年

250『速読暗記勉強法』　牛山恭範　2013年

251『読む技術』　塚田泰彦　2014年

252『みんなの速読』　堀川直人　2014年

253『一冊からもっと学べるエモーショナル・リーディングのすすめ』　矢島雅弘　2014年

254『「知」の読書術』　佐藤優　2014年

255『官僚に学ぶ読書術』　久保田崇　2014年

256『読書が「知識」と「行動」に変わる本』　大岩俊之　2014年

257『光の「速読法」と「記憶法」が5日間で身につく本』　栗田昌裕　2014年

258『喰らう読書術』　荒俣宏　2014年

259『子どもの速読トレーニング』　寺田昌嗣　2014年

260『「深読み」読書術』　白鳥春彦　2015年

261『脳のワーキングメモリを鍛える速読ジム』　クリエイト速読スクール　2015年

寺田昌嗣　2011年
233『読書の技法』 佐藤優　2012年
234『1年後に夢をかなえる読書術』 間川清　2012年
235『情報量が10倍になるNLP速読術』
松島直也　2012年
236『実践ひらがな速読法』 吉岡節夫　2012年
237『視力もぐんぐんよくなる速読術』
中川和宏　2012年
238『「速読」実践トレーニング』
照井留美子　2012年
239『一生つかえる速読力が3週間で身につく本』
安藤一郎　2012年
240『論理的に読む技術』 福澤一吉　2012年
241『確実に身につく速読の技術』
橘遵　若桜木虔　2012年
242『1分間速読法』 石井貴士　2013年
243『「教養」を最強の武器にする読書術』
樋口裕一　2013年
244『速読の基本が面白いほど身につく本』
呉真由美　2013年
245『20代のうちに知っておきたい読書のルール23』
遠越段　2013年
246『世界一たのしい「超！速読」勉強法』

218『「横書き」を読むスーパー速読1週間』
日本速読協会　井田彰　2011年
219『速読で脳と仕事が変わる！』
別冊宝島編集部　2011年
220『奇跡を起こすスローリーディング』
伊藤氏貴　2011年
221『どんな本でも大量に読める「速読」の本』
宇都出雅巳　2011年
222『ネット速読の達人ワザ』
コグレマサト　2011年
223『すぐに頭がよくなる「超速」勉強法』
園善博　2011年
224『日経新聞を「早読み」する技術』
佐藤治彦　2011年
225『速読の達人』　堀川直人　2011年
226『必要な知識を15分でインプットできる速読術』
高橋政史　2011年
227『魔法の速読』　呉真由美　2011年
228『世界一やさしい速読の授業』　園善博　2011年
229『脳を創る読書』　酒井邦嘉　2011年
230『ひらがな速読法』　吉岡節夫　2011年
231『超速読トレーニング』　橘遵　2011年
232『[速習！]フォーカス・リーディング講座』

203『「速読・速算」で脳はいっぺんに動き出す！』
若桜木虔　2010年
204『仕事に活かす！フォトリーディング』
主藤孝司　ポール・R・シーリィ(監)　2010年
205『5秒で試験問題を読み解く「速読」ドリル』
台夕起子　2010年
206『NLP速読術』　松島直也　2010年
207『まばたき速読術』　わらし仙人　2010年
208『コンテンツ記憶速読術』
しちだ・教育研究所(監)　2010年
209『現役・東大院生の速読術』
原田孝太　速読研究会　2010年
210『ひと晩5冊の速読術』　橘遵　2010年
211『頭のいい速読力』　佐藤泰正　2010年
212『アウトプット・リーディング』
小林亮介　2010年
213『「予測」で読解に強くなる！』　石黒圭　2010年
214『「読む」技術』　石黒圭　2010年
215『「ビジネス速読」仕事術』　椋木修三　2010年
216『完全図解　1日10分からはじめる速読ドリル』
佐々木豊文　2010年
217『スポーツのための速読ビジョントレーニング』
内藤貴雄　2010年

189『脳を活性化する速読メソッド』
呉真由美　2009年
190『だから、新書を読みなさい』　奥野宣之　2009年
191『1000冊読む！読書術』　轡田隆史　2009年
192『難解な本を読む技術』　高田明典　2009年
193『試験に受かる1日15分速読勉強法』
松田真澄　2010年
194『はじめての速読』　立石聖子(監)他　2010年
195『フォトリーディング超速読術』
フォトリーディング公認インストラクターズ
2010年
196『10分間リーディング』　鹿田尚樹　2010年
197『頭の回路が変わる1冊10分の速読法』
栗田昌裕　2010年
198『「1冊10分」で読める速読術』
佐々木豊文　2010年
199『世界一わかりやすい「速読」の教科書』
斉藤英治　2010年
200『ほんとうに頭がよくなる「速読脳」のつくり方』
苫米地英人　2010年
201『スポーツ速読完全マスターBOOK』
呉真由美　2010年
202『頭がよくなる速読術』　栗田昌裕　2010年

メアリアン・ウルフ　2008年

173『本は10冊同時に読め！』　成毛眞　2008年

174『決算書速読術』　望月実　花房幸範　2008年

175『「速読」で頭がよくなるすごい勉強法』

若桜木虔　2008年

176『ビジネス選書＆読書術』　藤井孝一　2008年

177『すごい速読術』　斉藤英治　2008年

178『頭がよくなる超読書法』　佐々木豊文　2008年

179『9.07倍速くなる　ひかり速読法』

鈴木昭平　2008年

180『キャリアが高まる1日15分速読勉強法』

松田真澄　2008年

181『3週間「速読」ビジョントレーニング』

内藤貴雄　2008年

182『だから速読できへんねん！』

呉真由美　2009年

183『本がどんどん読める本』　園善博　2009年

184『「眼力」をつける読書術』　吉岡友治　2009年

185『究極の速読法』　松崎久純　2009年

186『時間が10倍有効活用できる「速読脳」』

台夕起子　2009年

187『実践速読速解トレーニング』　佐藤将朗　2009年

188『脳を鍛える読書のしかた』　茂木健一郎　2009年

155『教師のための読書の技術』 香西秀信 2006年
156『9マス速読法』 渡部英夫 2007年
157『楽しい読書生活』 渡部昇一 2007年
158『人を出し抜く速読術』
キーマンネットワーク 2007年
159『速読記憶術』 若桜木虔 2007年
160『速読トレーニングブック』 安藤榮 2007年
161『非常識な速読術』 わらし仙人 2007年
162『スピード脳が可能にする速読・記憶法』
七田眞 2007年
163『速読受験術』 椋木修三 2007年
164『キラー・リーディング』 中島孝志 2007年
165『速読勉強術』 宇都出雅巳 2007年
166『脳力アップ！ 1秒間速読練習帳』
椋木修三 2007年
167『日本一かんたんな速読術「逆聴」リーディング』
田中孝顕(監) 2007年
168『自分を磨く読書術』 ハイブロー武蔵 2007年
169『フォーカス・リーディング』 寺田昌嗣 2008年
170『1日集中！速読力トレーニング』
今村洋一 2008年
171『スピード読書術』 宇都出雅巳 2008年
172『プルーストとイカ』

141『すらすら速読入門』 福島哲史 2005年
142『真島の速読+理解式学習法』
真島伸一郎 2005年
143『1分間で10ページ即席速読術』
速水隆志 2005年
144『出口汪の頭がよくなるスーパー読書術』
出口汪 2005年
145『右脳速読』 田島安希彦 2005年
146『人生が変わる「朝5分」速読勉強法』
高島徹治 2005年
147『スーパー速読1週間ドリル』
日本速読協会 2005年
148『王様の速読術』 斉藤英治 2006年
149『目と脳で感じるダイナミック英語速読』
橘遵(監) 若桜木虔 北尾謙治 北尾S.キャスリーン 2006年
150『プチ速読』 池江俊博 2006年
151『七田式7日で挑戦!「簡単すぎる右脳速読」』
七田眞 2006年
152『齋藤孝の速読塾』 齋藤孝 2006年
153『読書からはじまる』 長田弘 2006年
154『親子で挑戦!らくだ速読法』
山根修二 2006年

128『栗田式仕事力を10倍高める速読トレーニング』
栗田昌裕　2002年
129『七田式波動速読法　超実践トレーニング』
七田眞　2002年
130『頭が良くなる小学生の国語速読法』
川村明宏(監)　新日本速読研究会　2003年
131『余裕の速読』　堀川直人　2003年
132『40歳からの人生を変える1日10分速読勉強法』
高島徹治　2003年
133『一日一分速脳トレーニング　記憶術編』
多湖輝　2003年
134『速読術が日本史でマスターできる本』
武光誠　橘遵　2003年
135『誰でも3倍速くなるドリル式身につく実用速読』
佐藤泰正(監)　2003年
136『3分間「超」速読トレーニング』
川村明宏　2003年
137『速読らくらくエクササイズ』　松田真澄　2004年
138『10倍読むのが速くなる速読のスキル』
斉藤英治　2004年
139『超右脳速読法』　七田眞　2004年
140『わらし仙人の30倍速読術』
わらし仙人　2004年

115『視力回復超速読術』
川村明宏　若桜木虔　2002年
116『1冊を1分のスーパー速読法』
日本速読協会(編著)　2002年
117『即効!! 速読術』
橘遵(監)　伊多波碧　嵯峨野晶　2002年
118『考える力をつけるための「読む」技術』
妹尾堅一郎　2002年
119『図解でよくわかるだれでも10倍速読が身につく法』　安藤栄　2002年
120『3分間速読上級篇』　台夕起子　2002年
121『頭の回転が良くなる10倍速読術』
斉藤英治　2002年
122『速読速解の技術』　西村晃　2002年
123『速読・速考・速発信の技術』　斉藤英治　2002年
124『頭がよくなる速読術』
川村明宏　若桜木虔　2002年
125『自分をとり戻すための読書術』
中山庸子　2002年
126『決定版！超カンタン速読入門』
寺田昌嗣　玉城博正　2002年
127『速読法と記憶法　パワーアップ編』
栗田昌裕　2002年

101『驚くべき速読術』　佐藤泰正　1999年
102『最強の速読術』　斉藤英治　1999年
103『1冊を6分で読める波動速読法』
七田眞　2000年
104『大人のスピード読書法』　中谷彰宏　2000年
105『社労士　学習が10倍速くなる独学速読法』
真島伸一郎　2000年
106『読書の方法』　吉本隆明　2001年
107『SP式速読記憶トレーニング教本』
橘遵　2001年
108『速読速解実践トレーニング術』
佐藤泰正　佐藤将朗　2001年
109『速読法と記憶法』　栗田昌裕　2001年
110『1冊を6分で読める波動速読法　実践編』
七田眞　2001年
111『あなたもいままでの10倍速く本が読める』
ポール・R・シーリィ　神田昌典(監訳)　2001年
112『ホワイトハウスの記憶速読術』
斉藤英治　2001年
113『ぼくが読んだ面白い本・ダメな本 そしてぼくの大量読書術・驚異の速読術』　立花隆　2001年
114『本がいままでの10倍速く読める法』
栗田昌裕　2002年

山下隆弘　1995年
85『時間を10倍にする速読トレーニング』
新日本速読研究会(編)　1995年
86『速読の科学』　佐々木豊文　1995年
87『だれでもできる中学生の速読法入門』
佐藤泰正　1995年
88『脳のメカニズムからみた速読法』
川村明宏(監)　栗田伸一　1995年
89『超速読法』　佐藤泰正　桐原宏行　1996年
90『アメリカ式読書法』
ロン・フライ　金利光(訳)　1996年
91『Windowsでできるはじめての速読術』
川村明宏　1996年
92『速読脳があなたを変える』　台夕起子　1997年
93『読書力をつける』　阿部謹也　1997年
94『5日間でマスターする超速読法』
佐藤泰正　1997年
95『催眠速読術』　松岡圭祐　1997年
96『栗田式奇跡の速読法』　栗田昌裕　1997年
97『「脳力」アップ超速読術』　斉藤英治　1997年
98『速読の英語　改訂新版』　松本道弘　1997年
99『天才児をつくる速読術』　台夕起子　1997年
100『べんり速読術』　斉藤英治　1998年

67『速読があなたの潜在能力を開発させる』
川村明宏(監) 新日本速読研究会 1992年
68『論より速読 実体験レッスン』
速読速解法研究センター(編) 1992年
69『田中の現代文速読・速解法』 田中雄二 1992年
70『10年1000冊の読書法』 野口靖夫 1993年
71『すぐに習得できる超速読術』 川村明宏 1993年
72『1冊10分の超速読術』 川村明宏 1993年
73『最強の速読法入門』 山本浩明 1993年
74『頭がよくなる速脳術』 川村明宏 1993年
75『快速読書法』
速読速解法研究センター(編) 1993年
76『速読の技術』 徳永基 1993年
77『栗田博士の速読法であなたの能力は全開する』
栗田昌裕 1993年
78『「分析批評」の読書技術』 井関義久 1995年
79『知的速読の技術』 松田真澄 1995年
80『決算書速読・速解術』 都井清史 1995年
81『脳を鍛える速読術』 栗田昌裕 1995年
82『速読ラクラクトレーニング』
川村明宏(監) 新日本速読研究会 1995年
83『速読トレーニング』 佐藤泰正 1995年
84『サブリミナル方式で超速読・超記憶ができる本』

川村明宏　若桜木虔　栗田伸一　1990年
54『快読術』　長谷邦夫　1990年
55『記憶力アップの超速読法』
若桜木虔　角屋栄三　1991年
56『ダイナブック速読』　川村明宏　1991年
57『読むための理論』
石原千秋　木股知史ほか　1991年
58『速読術でマルチ能力開発を！』
川村明宏　大石達也　若桜木虔　1991年
59『ハイパワー速読速解法』
速読速解法研究センター(編)　1991年
60『超感覚速読法』　河合晴夫　1991年
61『続・速読術でみるみる学力が上がった』
山下隆弘　1991年
62『世界一青木さん母娘の速読術』
山下隆弘　青木久美子　1991年
63『右脳超速読術』
川村明宏　若桜木虔　栗田伸一　1991年
64『みんなできた!!一分20ページ10,000字読み速読術』　栗田昌裕　1992年
65『仕事に使える速読術ラクラク講座』
川村明宏(監)　新日本速読研究会(編)　1992年
66『スーパー速読法』　新日本速読研究会　1992年

40『集中速読トレーニング』 伊藤善樹 1989年
41『決定版速読トレーニング』
川村明宏 若桜木虔 田浦龍雄 1989年
42『大学入学ラクラク突破 速読受験術』
川村明宏 若桜木虔他 1989年
43『“超速読”知られざる受験勉強法 理数系を目指す人へ』 川村明宏 若桜木虔 浜田宏陽 1989年
44『ズバリ実戦速読法』 芦田献之 1989年
45『受験速読:即効! 3日でマスター!!』
川村明宏(監) 田浦龍雄 1989年
46『左脳らくらく速読術』
川村明宏 若桜木虔 1989年
47『人生を拓くSRS速読法』 栗田昌裕 1989年
48『受験速読術』 山下隆弘 台夕起子 1989年
49『ジョイント式スーパー英語速読法』
川村明宏 田浦龍雄 泉川賢二 1990年
50『日経新聞が5分で読める速読術』
川村明宏 若桜木虔 川村哲明 1990年
51『“超速読”古文知られざる受験勉強法』
川村明宏 若桜木虔 稲村徳 1990年
52『私大受験のスーパー速読術』
川村明宏 若桜木虔ほか 1990年
53『頭がよくなる速読術』

26『読書術:より早く的確に情報をつかみとるコツ』
黒川康正　1987年
27『脳を鋭くする知られざる速読記憶法』
藤本憲幸　1987年
28『速読・速解・即戦力』
速読速解法研究センター(編)　1987年
29『情報時代の速読法』　安藤栄　1988年
30『応用自在システム速読法』　栗田昌裕　1988年
31『10日間で完全マスター実践・速読術』
小磯菊一郎　1988年
32『資格試験のための超速読法』
川村明宏(監)　若桜木虔　1988年
33『超速読超記憶法のすすめ』　山下隆弘　1988年
34『速読の科学』　佐藤泰正　1988年
35『リラックス速読法』　光永忠正　1988年
36『BTRメソッドによる速読トレーニングブック』
クリエイト速読スクール　1988年
37『驚くべき効果！ハイパー速読法』
山本浩明　1988年
38『3日で身につく実践・速読法』
川村明宏(監)　若桜木虔　1988年
39『ゼッタイできる「速読脳」のつくり方』
佐々木豊文　1988年

川口奈奈　台夕起子　1985年
13『誰でもできる1冊30分の集中速読法』
高橋浩　1986年
14『スーパー速読法』　伊東弘祐　1986年
15『定本　キム式速読法』　金湧眞　1986年
16『科学的速読法 縦書訓練教本』
佐々木豊文　朴ファーヨップ　1986年
17『科学的速読法 横書訓練教本』
佐々木豊文　朴ファーヨップ　1986年
18『実践速読法』　芦田献之　1986年
19『5日で3倍速読術　基礎訓練テキスト』
金湧眞　1986年
20『実践スーパー速読術「1冊を1分の方法」』
日本速読協会(編)　1986年
21『ビジネスと勉強のための実戦速読術』
安藤栄　1987年
22『ビジネス実践速読法』　吉本元紀　1987年
23『30時間トレーニング速読速解法』
速読速解法研究センター(編)　1987年
24『ライバルに大差をつける超速読トレーニング』
すがやみつる　1987年
25『1,000,000人の科学的速読法』
佐々木豊文　1987年

付録2 ルサンチマン浅川が読破した 速読本 333冊 リスト

1『速読術』　馬渕時彦　藤田拓司　1962年
2『速読法』　佐藤泰正　1969年
3『速読のすすめ』　阪本一郎　1969年
4『驚くべき速読術』　佐藤泰正　1980年
5『20倍の速読み法』　中川昌彦　1981年
6『読書の方法』　外山滋比古　1981年
7『速読・乱読・熟読のコツ』
明坂英二　服部一敏　1982年
8『驚異の右脳速読術』
日本速読術研究センター　1984年
9『奇跡のスーパー速読法』　加古徳次　1984年
10『ビジネスマンのSUPER速読術』
加古徳次　1985年
11『読む技術:速読・熟読・自在読みのマニュアル』
前園主計　1985年
12『速読術でみるみる学力が上がった』

おわりに――子供の笑顔のおかげで書けた速読本

最後までお読みいただき、本当にありがとうございました。

この本は、自分の2冊目の著書になるのですが、1冊目に比べてかなり冷静に書くことができたと思います。1冊目の著書『誰でも速読ができるようになる本』は出版に対してかなりの気負いがあり、熱量は凄かったですが、その反面、無駄なことや余計なこともたくさん書いてしまったという思いが強くありました。

そのため、今回のこの本は、できるだけ私情や速読以外のことを書かないようにし、あくまで「速読の方法」だけにコミットするように努めました。

また、前著にはないこの本の新たな部分として、私が編み出したオリジナルの方法論「ロケット速読」が紹介できたことが挙げられます。ロケット速読とは本文で述べた通り『視読』と『高速音読』を交互に繰り返すことによって速読力がブーストされる」という方法なのですが、これは本当に物凄く効果があります。この方法は自信を持ってみなさまにおすすめできます。ですから、トレーニングは絶対に怠らないようにしてくださいね！

とにかくこの本も前著同様、読んだみなさまに絶対に速読ができるようになってほしいという気持ちは変わっていません。内容にだけは絶対に自信があるので、みなさんの速読マスターへの一助となれば幸いです。

さて、この本では個人的な話はなるべく書かないようにしたとお伝えしたばかりですが、最後の最後に超・個人的な話をさせてください。

実は本書執筆中に大きな出来事がありました。息子が誕生したのです。待望の第一子でしたが、妻の妊娠がわかった段階からの不安が半端なく、それとは別に仕事の重圧も重なって精神的に追いつめられそうになりながら執筆を進めていました。しかも、気持ちが乗らなければ動かない性格なので、本当に筆が進まず、辛い時期もありました。この性格をどんなに恨んだことか……。

こうして何度も挫(くじ)けそうになりましたが、それを救ってくれたのが息子の笑顔でした。息子よ、無事にこの世に誕生してくれて本当にありがとう。君が大きくなって本を読めるようになった時、父が書いたこの本を手にとって読んでくれたら嬉しく思う。その時はお父さんから速読を学ぶんだぞ！

また、妻の里帰り出産中に徳島から東京の家に来て家事を手伝ってくれた母、この本の出版に尽力してくださった三笠書房編集本部の担当者さん、ハラペコステーキ、Dr.関塾西早稲田校のみなさん、本当にありがとうございました。

そして、出会ってから10年以上、ずっと支えてくれている妻に感謝します。なかなか芸人としての芽が出ず、長い間苦労をかけているにもかかわらず、私にいつも寄り添ってくれました。妻がいなければ、今の私はなかったと思います。本当にありがとう。

東京、高田馬場の自宅にて

ルサンチマン浅川

本書は、本文庫のために書き下ろされたものです。

ルサンチマン浅川（るさんちまん・あさかわ）

1981年、徳島県生まれ。早稲田大学社会科学部卒業。日本唯一の速読芸人。もともとはルサンチマンというコンビでオフィス北野に所属。現在はフリーのピン芸人として活動。高校時代にたまたま手にした速読本をきっかけに速読に目覚め、それ以来、約30年間毎日速読トレーニングを続けている自他ともに認める速読マニア。日本で出版された速読本をほぼ全て所有し、その数は300冊を超える。速読を独自に研究し、自ら編み出した速読法を利用してビジネス書、自己啓発本、能力開発本なども1万冊以上読破している稀代の読書家。

著書に『誰でも速読ができるようになる本』（平成出版）がある他、GLOBIS学び放題の映像講座「積読をなくせ！速読芸人が教える速読の基礎」の講師としても活躍。

知的生きかた文庫

ルサンチマン浅川式ロケット速読トレーニング

著　者　ルサンチマン浅川

発行者　押鐘太陽

発行所　株式会社三笠書房

〒一〇二―〇〇七二　東京都千代田区飯田橋三―三―一

電話〇三―五二二六―五七三四〈営業部〉
〇三―五二二六―五七三一〈編集部〉

https://www.mikasashobo.co.jp

印刷　誠宏印刷

製本　若林製本工場

© Ressentiment Asakawa, Printed in Japan

ISBN978-4-8379-8891-5 C0130

*本書のコピー、スキャン、デジタル化等の無断複製は著作権法上での例外を除き禁じられています。本書を代行業者等の第三者に依頼してスキャンやデジタル化することは、たとえ個人や家庭内での利用であっても著作権法上認められておりません。

*落丁・乱丁本は当社営業部宛にお送りください。お取替えいたします。

*定価・発行日はカバーに表示してあります。

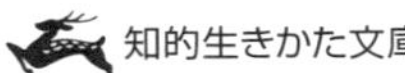

脳科学的に正しい英語学習法

加藤俊徳

脳の仕組みを使えば、英語はムリなく身につく！「単語は自分がよく使うものから覚える」「ネット検索で速読力を鍛える」他、超英語嫌いを克服した著者による驚きの英語学習法!!

コクヨの結果を出すノート術

コクヨ株式会社

日本で一番ノートを売る会社のメソッド全公開！　アイデア、メモ、議事録、資料づくり……たった1分ですっきりまとまる「結果を出す」ノート100のコツ。

頭のいい説明「すぐできる」コツ

鶴野充茂

「大きな情報→小さな情報の順で説明する」「事実＋意見を基本形にする」など、仕事で確実に迅速に「人を動かす話し方」を多数紹介。ビジネスマン必読の1冊！

東大脳クイズ——「知識」と「思考力」がいっきに身につく

QuizKnock

東大発の知識集団による、解けば解くほどクセになる「神クイズ348問」！　東大生との真剣バトルが楽しめる、「東大生正解率」つき。さあ、君は何問解けるか⁉

数学的に考える力をつける本

深沢真太郎

一流の人はみな数学的に考え、伝えている！　「ゆえに」「以上」など〝数学コトバ〟を使うことで、頭を一瞬で整理し、論理的な自分に変わる法！

C50492